南派投资心法丛书

冯翰尊 著

期货投资
从入门到精通

金牌期货
操盘手的悄悄话

28.82

42.10

51.16

72.22

52.59

海天出版社
·深圳·

图书在版编目（CIP）数据

期货投资从入门到精通：金牌期货操盘手的悄悄话 /
冯翰尊著. — 深圳：海天出版社，2020.4
  （南派投资心法丛书）
  ISBN 978-7-5507-2815-8

  Ⅰ．①期… Ⅱ．①冯… Ⅲ．①期货交易 Ⅳ.
①F830.9

  中国版本图书馆CIP数据核字(2020)第003729号

期货投资从入门到精通：金牌期货操盘手的悄悄话
QIHUO TOUZI CONG RUMEN DAO JINGTONG：JINPAI QIHUO CAOPANSHOU DE QIAOQIAOHUA

出 品 人	聂雄前
丛书策划	许全军
责任编辑	熊　星
责任校对	李　想
责任技编	郑　欢
装帧设计	知行格致

出版发行	海天出版社
地　　址	深圳市彩田南路海天综合大厦（518033）
网　　址	www.htph.com.cn
订购电话	0755-83460239（邮购、团购）
设计制作	深圳市知行格致文化传播有限公司 Tel：0755-83464427
印　　刷	深圳市希望印务有限公司
开　　本	787mm×1092mm　1/16
印　　张	13.5
字　　数	135千字
版　　次	2020年4月第1版
印　　次	2020年4月第1次
定　　价	68.00元

序 言

期货市场在我国已经运行了 30 年，经历过初创的艰苦与发展的混乱后，现已成为国际上颇具影响力的商品定价场所。在美国华尔街流传着这样一句话："如果你爱一个人，就让他去华尔街；如果你恨一个人，也让他去华尔街。"期货市场是一个精彩的市场，是一个充满风险与机遇的市场，自它诞生以来，已使大批投资者走向财富自由，也有更多的人迷失在茫茫期海。

作为无数期货投资者中的一名，在经历了市场几轮牛熊后，我想，也应该对之前的投资生涯做一个阶段性的反思，重新梳理这些年所学的知识、获得的经验以及实践后的感悟，这是写这本书的其中一个原因。

从内容上来看，书中并没有介绍过多操作层面的"秘密武器"。因为在我看来，分析方法、操作手段这些技巧类的内容，市面上有很多书已经写得非常详细，只要你愿意，就可以轻松获得这些技巧。而本书所想表达的，是我在多年摸索后认为比较重要的东西，尤其是交易系统章节里关于投资目标的部分以及风险控制章节关于事前风险控制的表述。如果读完其他内容都似懂非懂也没关系，随着投资经验的丰富，将来再翻回来看也可以得到印证。而上述两个章节，我希望投资者，尤其是初学者认真阅读。

我的老师曾经说过，如果你在读投资类书籍时获得了一点启迪，那就是作者在市场中用一点钱"买"回来的；如果你能获得很多启迪，那就是作者花很多钱"买"回来的。在期货市场，不经历惨痛的教训就难以成长，不体验彻夜难眠的痛苦便不知期货投资的艰辛，每一位成功的投资者的背后都有无数的"伤疤"，他们在无数次的亏损后总结教训，凝练出了智慧的精华。

在此，我要特别感谢出现在我投资生涯里的每一个人，家人、恋人、老师、朋友、领导、同事，不同的人给了我不同的经历，但有一个共同点，那就是都丰富了我的投资人生，让我能在生活中感悟交易，在交易中反思生活，交易与生活相互印证。这本书的完成离不开上述的每一个人！

冯翰尊

2018 年 9 月于北京

目 录

C O N T E N T S

第 **1** 章

期货市场基本情况

1.1 期货市场的形成与发展

期货的雏形是远期合约。远期合约是 20 世纪 80 年代初兴起的一种保值工具，它是交易双方约定在未来的某一确定时间，以确定的价格买卖一定数量的某种金融资产的合约，合约中要规定交易的标的物、有效期和交割时的执行价格等各项内容。但随着现代商品经济的发展和社会劳动生产力的极大提高，国际贸易普遍开展，世界市场逐步形成，市场供求状况变化更为复杂，仅有一次性地反映市场供求预期变化的远期合约交易价格已经不能适应现代商品经济的发展，而要求有能够连续地反映潜在供求状况变化全过程的价格，以便广大生产经营者能够及时调整商品生产，以及回避由于价格的不利变动而产生的价格风险，使整个社会生产过程顺利地进行，在这种情况下，期货交易就产生了。

1.1.1 国际期货市场

最初的期货交易源于 16 世纪的日本大阪，在日本的大米市场得到了发展。直到 19 世纪，仍是日本独有，后来渐渐被全世界效仿。

1833 年，芝加哥已成为美国贸易的一个中心，南北战争之后，芝加哥由于其优越的地理位置而发展成为一个交通枢纽。到了 19 世纪中叶，芝加哥发展成为重要的农产品集散地和加工中心，大量的农产品在芝加哥进行买卖，人们沿袭古老的交易方式在大街上面对面地讨价还价进行交易。这样，价格波动异常剧烈，在收获季节，农场主都运粮到芝加哥，市场供过于求导致价格暴跌，这使得农场主常常连运费都收不回来。而到了第二年春天谷物匮乏，加工商和消费者难以买到谷物，价格飞涨。这就催生了建立一种有效的市场机制以防止价格的暴涨暴跌的需求，需要建立更多的储运设施。

为了解决这个问题，谷物生产地的经销商应运而生。当地经销商设立了商行，修建起仓库，收购农场主的谷物，等到谷物湿度达到规定标准后再出售运出。当地经销商通过现货远期合约交易的方式收购农场主的谷物，先储存起来，然后分批上市。当地经销商在贸易实践中存在着两个问题：他需要向银行贷款以便从农场主手中购买谷物储存，在储存过程中要承担巨大的谷物过冬的价格风险。价格波动有可能使当地经销商无利可图甚至连成本都收不回来。

解决这两个问题最好的办法是"未买先卖"，以远期合约的方式与芝加哥的贸易商和加工商联系，以转移价格风险和获得贷款，这样，现货远期合约交易便成为一种普遍的交易方式。1848

年，美国芝加哥的 80 多位商人为了降低粮食交易风险，发起组建了芝加哥期货交易所（CBOT）。CBOT 的成立，标志着期货交易的正式开始。

在期货交易发展过程中，出现了两次堪称革命的变革：一是合约的标准化，二是结算制度的建立。1865 年，芝加哥期货交易所实现了合约标准化，推出了第一批标准期货合约。合约标准化包括合约中产品品质、数量、交货时间、交货地点以及付款条件等的标准化。标准化的期货合约反映了最普遍的商业惯例，使得市场参与者能够非常方便地转让期货合约，同时，使生产经营者能够通过对冲平仓来解除自己的履约责任，也使市场制造者能够方便地参与交易，大大提高了期货交易的市场流动性。芝加哥期货交易所在合约标准化的同时，还规定了按合约总价值的 10% 缴纳交易保证金。

随着期货交易的发展，结算出现了较大的困难。芝加哥期货交易所起初采用的结算方法是环形结算法，但这种结算方法既烦琐又困难。1882 年，CBOT 开始允许以对冲方式免除履约责任。1891 年，明尼亚波里谷物交易所首次成立了结算所。1925 年，芝加哥期货交易所结算公司（BOTCC）成立，同时规定芝加哥期货交易所的所有交易都要进入结算公司结算。至此，真正现代意义上的期货交易才开始形成。现代期货交易的产生和现代期货市场的诞生，是商品经济发展的必然结果，是社会生产力发展和生产社会化的内在要求。

1.1.2 我国期货市场

中国期货市场产生的背景是粮食流通体制的改革。随着国家取消农产品的统购统销政策，放开大多数农产品价格，市场对农产品生产、流通和消费的调节作用越来越大，农产品价格的大起大落和现货价格的不公开以及失真现象，粮食产量的不稳定和粮食企业缺乏保值机制等问题引起了领导和学者的关注。能不能建立一种机制，既可以提供指导未来生产经营活动的价格信号，又可以防范价格波动带来的市场风险，成为大家关注的重点。1988 年 2 月，国务院领导指示有关部门研究国外的期货市场制度，解决国内农产品价格波动问题。1988 年 3 月，第七届全国人民代表大会第一次会议中的《政府工作报告》提出：积极发展各类批发贸易市场，探索期货交易。这拉开了中国期货市场研究和建设的序幕。

我国的期货市场发展始于 20 世纪 80 年代末，主要经历了以下几个时期。

第一个时期：方案研究和初步实施阶段（1988—1990 年）

1990 年 10 月，中国郑州粮食批发市场经国务院批准，以现货交易为基础，引入期货交易机制，我国第一个商品期货市场正式启动。

第二个时期：迅猛发展阶段（1990—1993 年）

到 1993 年下半年，全国期货交易所有 50 多家，期货经纪机构近千家，期货市场出现了盲目发展的迹象。

第三个时期：治理整顿阶段（1993—1998 年）

1993 年 11 月，国务院下发了《国务院关于坚决制止期货市场盲目发展的通知》；1994 年 5 月，国务院办公厅批准国务院证券委员会《关于坚决制止期货市场盲目发展若干意见的请示》，开始对期货交易所进行全面审核。1998 年，14 家交易所重组调整为大连商品交易所、郑州商品交易所、上海期货交易所 3 家；35 个期货交易品种调减为 12 个；兼营机构退出了期货经纪代理业，原有的 294 家期货经纪公司缩减为 180 家左右。

1999 年 9 月，《期货交易管理暂行条例》和为了贯彻落实该条例而制定的《期货交易所管理办法》《期货经纪公司管理办法》《期货业从业人员资格管理办法》《期货经纪公司高级管理人员任职资格管理办法》的正式实施，构建了期货市场规范发展的监管框架。这样，在经过几年较大力度的结构调整和规范整顿后，以"一个条例"及"四个管理办法"为主的期货市场规划框架基本确立，中国证监会、中国期货业协会、期货交易所三层次的市场监管体系已经初步形成，期货市场主体行为逐步规范，期货交易所的市场管理和风险控制能力不断增强，期货投资者越来越成熟和理智，整个市场的规范化程度有了很大提高。

在我国加入 WTO 、融入国际经济大家庭之后，作为发现价格和规避风险的重要金融工具，期货市场对我国现代市场经济的发展发挥着无可替代的作用。

1.2 残酷的市场法则

任何市场都有其特定的规则，本篇讨论的不是操作层面的法规规定，而是市场法则，这是绝大多数投资者都难以逾越的鸿沟。

1.2.1 市场必定让多数交易者失望

期货交易是一个需要冷静的智者参与的项目，对于成功者的挑剔，就注定了这个市场不会让交易者轻易成功，当你开始寻找捷径时，请牢牢记住，成功是没有捷径的。这就要求你对那些认为交易轻易就能成功，并且能为大家带来遍地黄金的意见或建议时刻保持警惕；要求你在研究图表以寻求下一个交易机会时保持警惕；还要求你在浏览广告以寻求新的交易市场或开立交易账户时保持警惕。此外，如果分析师或身边的投资大神们显得无所不知时，你更应该保持警惕！

1.2.2　交易者的生活并不像外界宣扬的那样美好

交易者的生活其实并非如你所想象的那样阳光灿烂，更不是奢侈糜烂的纸醉金迷，这个市场绝大多数的人都不能通过交易稳定地赚钱。在探索交易之门的路上，你会觉得交易简直就是新兵训练营，让你倍感沮丧，让你感受彻头彻尾的痛苦，似乎全世界的痛苦排山倒海般袭来。当你亏损了，你咀嚼着痛苦；当你赚钱时，你又会因为是选择止盈离场还是留在市场中跟着这波行情以期赚得更多而痛苦；当你耗时耗力学习一个与交易相关的似是而非的理论，但这个理论在实践中运用却事与愿违时，你依然会感到痛苦；当你将大量的时间和精力投入研究、开发、测试和验证新创意，试图设计出完美的交易系统，结果却越来越差时，你更痛苦；当你多年来努力提升自己的交易水平但是进展迟缓时，失望和无助也会让你倍感痛苦；当你在市场外观望和等待下一次交易机会，你每分每秒都唯恐失去下次交易机会而变得寝食难安时，你也会感到痛苦。这就要求你对所采取的一切行动百分之百负责，要求你能够预判随时随地存在的伏击，要求你学会接受意料之外的情况，还要求你尽快确定自己是否具有坚忍不拔的毅力，以至于能够直面交易旅途中的痛苦。尽管交易存在潜在的经济回报，但如果不能直面困难，那么趁早收手，离开市场。所以，那些轻易就想踏入市场获得成功，或者认为交易市场简单的人，你是否真的已经开始交易，或者准备交易下去？

1.2.3 残酷的数学比例

（1）正确被缩小，错误被放大

市场中有个残酷的事实，就是你的"正确"会被缩小而你的"错误"会被放大，这就是比率上的不公平。从"错误被放大"的角度看，假设你有 100 元钱，亏损 10 元（10%）后本金变成 90 元，那么从 90 元再挣到 100 元需要盈利约 11.1%，也就是（10/90）×100%。下面来看，同样以 100 元为本金：

亏损 20% 需要盈利 25% 才回到 100 元；

亏损 30% 需要盈利约 42.9% 才回到 100 元；

亏损 50% 需要盈利 100% 才回到 100 元；

亏损 70% 需要盈利约 233.3% 才回到 100 元。

当亏损超过某个临界点后，靠剩下的本金再想翻身基本是不可能的。

从"正确被缩小"的角度看，同样以 100 元为本金：

盈利 10% 只要亏损约 9.1% 就回到 100 元；

盈利 30% 只要亏损约 23.1% 就回到 100 元；

盈利 50% 只要亏损约 33.3% 就回到 100 元；

盈利 100% 只要亏损 50% 就回到 100 元；

更可怕的是，不论盈利多少，即使盈利 10000000%，只要亏损 100% 就归零。

通过以上模型来看，从长期投资回报的角度，即使你有无数次的胜利，可是只要失误一次，就足以致命。

（2）正确的投资方法也可能死于资金波动

接下来我们即将开始接触稍微复杂些的数学模型，在正式讨论之前，我们先了解以下三个概念，这将帮助我们从概率论的角度更好地理解后面的内容：

① 大数定律

在数学上，大数定律可以表述为：当试验次数足够多时，事件发生的频率无穷接近于该事件发生的概率。举个例子，如果翻一枚均匀的硬币，得到正面或反面的概率都是 50%，可在实际操作的过程中所得到的结果不一定完全是 50%。比如翻 10 次有 3 次正面、7 次反面，翻 100 次有 60 次正面、40 次反面。但是，如果翻 10 万次、100 万次，我们观测到获得正面或反面的概率将无限接近 50%，这就是大数定律，前提就是"实验的次数足够多"。应用到交易上，可以理解为：当交易次数足够多时，盈利的概率（胜率）无穷接近于交易者交易本身能够盈利的概率。

② 中心极限定理

中心极限定理在数学上表述为：大量的具有相同均值和方差的独立的随机变量序列之和趋向于正态分布，而且这个正态分布的均值等于大量的随机变量平均均值。以此来看，投资者要获得一个正的平均收益，那么综合所有交易来看，至少赚的钱要比亏的钱多。对应到每一笔交易也就是说其盈利的均值要大于亏损的均值，言外之意就是风险要控制好，尽可能地获得应有的利润，避免不必要的亏损，特别是大的亏损，最好是赚大钱亏小钱。

③ 期望值（Expected Value，即 EV）

在概率论和统计学中，期望值是指在一个离散性随机变量试验中每次可能结果的概率乘以其结果的总和。其应用领域非常广泛，尤其是在棋牌游戏"德州扑克"中，EV 作为核心概念被用来分析盈亏比率，指导选手们做出正确的决策，可以把 EV 理解为盈利数额减去亏损后剩余的那部分价值，谈论 EV 时用以下公式：

$$EV = 盈利的概率 \times 盈利幅度 - 亏损的概率 \times 亏损幅度$$

简单来说，EV>0 就代表盈利大于亏损，结合大数定律，只要重复足够多次，就是长期盈利的；相反，EV<0 即长期亏损。

在期货交易中，我们完全可以用德州扑克里计算 EV 的方法考虑交易。举个例子，某笔交易你有 70% 的概率盈利 10 元，30% 的概率亏损 5 元，那么这笔交易：

$$EV=70\% \times 10-30\% \times 5=7-1.5=5.5$$

当然，你有可能运气不好，这笔交易最终亏损 5 元。但如果考虑长期回报，根据大数定律与中心极限定理，做 10 万笔这样的交易，理论上最终盈利 EV=5.5 × 10 万 =55 万元。

介绍完基本概念，下面我们通过另一个数学模型来解释，为什么正确的方法也可能死于资金波动。假设你拿 100 元本金去市场跟庄家玩翻硬币游戏，每次投入 1 元，翻到正面你获得 2 元，翻到背面你投入的 1 元归庄家所有，也就是说，翻正面盈利 1 元，翻背面亏损 1 元。那么，翻 10 万次之后你会盈利多少呢？

引用 EV 的概念，理论上翻硬币的 EV=（50% × 1）-（50% × 1）=0 元。因为翻到正面或背面的概率都是 50%，盈亏幅度为 1 元。翻 10 万次你平均会得到 5 万次正面和 5 万次背面，盈亏相抵，当然现实中不一定正好是 5 万次正面比 5 万次反面。现在换个玩法，同样是翻硬币，翻到正面赢 10 元，反面亏 10 元。那么，翻 10 万次后你最终盈利多少呢？

答案是 -100 元，你的本金将全部亏损。原因很简单，当连续出现 10 次反面时你就没有本金继续游戏了，这就是死于资金波动。也许你觉得不会运气那么差连续 10 次反面，但从统计上来看，连续 10 次反面的概率是 0.5 的 10 次方，约等于 0.00098。如果翻 10 万次硬币的话，平均将会出现 0.00098×10 万 =98 次 10 连反。

可见，做交易时不仅仅是方法正确就可以长期盈利的，就算你有一个不亏钱的交易方法（EV 非负数），也可能遭遇当交易方法连续失灵时死于资金波动的情况。

（3）错误的方法 + 过度交易 = 加速死亡

继续引用上述翻硬币模型，用 100 元本金去市场玩翻硬币，正面赢 1 元，反面亏 1 元。但是现在考虑手续费存在的情况，不管输赢，每翻 1 次缴费 0.01 元。不要小看这 0.01 元，你的 EV 已从 0 变为负数，这种情况下：

$$EV = 50\% \times 0.99 - 50\% \times 1.01 = -0.01$$

不考虑模型资金波动问题，在无手续费游戏中，理论上翻 10 万次硬币都不会死，但现在，可能翻 1000 次硬币本金就会亏光，即 $-0.01 \times 1000 = -100$ 元。

这个模型告诉我们，当你用一个负 EV 的交易系统时，交易频率越高失败越快，如果一天翻 1000 次硬币就当天失败，如果

1年翻1000次就1年后失败。虽说在期货市场中，交易系统不完善的投资者成功率很难高于翻硬币的成功率，负EV成为一种必然，但并不是说成功率低就一定无法盈利。EV公式里除了成功率以外还涉及一个盈利幅度问题，即使成功率低，可一旦成功，盈利相当丰厚，失败时只亏一点点的话，总体EV还是正的。关于这部分我们在后面章节会进行讨论。

1.3 成功者 VS 失败者

交易市场必然是以大多数人的失败为代价才能维持下去，但并不等于每个人都会失败，理论上，有亏的就会有盈的，只不过盈的是小部分人。一个人能够在期货市场获得成功，必有与众不同的地方，不同在哪里？

（1）不同之处在于市场观念

观念影响行为，行为影响结果。在期货市场中，市场观决定了投资者如何认识市场，不同的市场观可以说是导致投资者出现不同行为的重要因素，投资结果也必定与投资者的市场观有直接关系。比如，有人认为市场价格是可以被操纵的，从阴谋论角度解读市场，认为市场存在着不同的主力，这些主力或通过散播谣言蒙蔽投资者，或通过资金优势操纵价格，最终达到非法盈利的目的；也有人认为市场价格难以被操纵，商品价格的波动取决于基本面供需关系，即使出现短暂的价格偏离最终也将回归。所以在行为层面，两种不同观念的人将会有截然不同的行动。

观念的形成取决于知识结构。从实际情况总结来看，知识结构相对丰富的人容易有更正确的市场观，他们对市场的本质、价格的波动以及影响价格波动的因素有更清楚、更有逻辑的认识。而反观知识相对匮乏的人，对市场的认识往往是片面的、一厢情愿的，一个没有正确的市场观念的交易者，在市场里就等于没有灵魂。当然，即使有了正确的观念，如何应用它，把观念转化为自己的交易方法，达到盈利的目的，还要经过漫长的数次失败交易的探索过程，而后脱胎换骨，才能在市场立稳脚跟。

（2）不同之处在于风险控制

市场价格是波动的，只要波动就存在着风险。我们在前面的章节也通过数学模型展示了"错误被放大"的市场特征，所以成功的人在风险控制方面一定是极其优秀的。他们能明确地识别风险，结合市场情况与交易系统，承担可控的风险，他们充分明白"盈亏同源"的道理，但也不愿承受过大风险以及风险失控后带来的灭顶之灾。

而失败的人一方面是很难识别风险，对于价格波动没有敏感性，以至于当风险来临时仍无动于衷；另一方面是承担了超过自己承受能力的风险，重仓交易，甚至贷款做期货，可能由于运气等因素，有很高的阶段性盈利，但记住"正确的投资方法也可能死于资金波动"。长期来看，这种风险失控必将导致投资者血本无归。

（3）不同之处在于成功者有一个自己的交易系统

这是将普通投资人和优秀交易者区分开来的最重要的标准。交易系统将一切盈利都建立在风险可控的基础上，能够通过历史行情的检验。交易系统优秀最关键的标志是经过一个牛熊周期后，它的绩效总体表现为大的盈利和小的亏损。所以，交易系统必须符合：针对性（对某种情形有高概率）、可操性（交易者能在市场中操作）、重复性（经常出现）这三个原则。一个交易系统的形成过程，首先是交易理念的产生，它既可以是一个复杂的理论，也可以是一个简单的技巧，或者其他任何你认为可以盈利的想法。其次是将理念转化为对应的策略，具体就是要明确与策略相适应的进场、止损、止盈等具体细节。关于交易系统，我们在后面将会有专门的章节着重讨论。

成功的人之所以成功，就是因为有一套行之有效的交易系统，指导着他的一切投资行为，在看似混乱无序的价格波动中找到适合自己的机会。而失败的人之所以失败，基本上是因为没有一套能禁住市场检验的交易系统，系统存在漏洞导致投资者盈利期望值为负（EV<0），长期以这种方法做下去的结果一定是账户归零。

（4）不同之处在于成功者有良好的心态

一个成功的投资者，对市场敬重顺从，不藐视市场，不怕失去机会，不会为了赚多少钱去交易，而是耐心等待市场给出符合自己心中低风险、高概率的交易机会后才交易。只要不符合标准，哪怕只有一个条件不符合，都不行动，不发挥自己临场的主观能动性。心中只有规则，其他根本不想，符合规则的，则出击不手软，盈亏只不过是个数字。

而失败的投资者，由于没有交易系统或者交易系统存在漏洞，遇到亏损后心态就容易失控，贪婪、恐惧时刻占领着他们的内心，焦虑使他们坐立难安，一夜暴富的心态导致他们无节制地重仓交易，最终一夜暴"负"。

（5）不同之处在于成功者能够严格执行交易纪律

若一个交易者连自己订立的明确的规则都不能严格执行，只能说他连这个基本素质都不具备，选择交易完全是个错误决定。交易纪律是为达到获利的目的而制定的交易规则，让预先设定的交易策略能够顺利实施，使交易操作做到更加有章法。如果一个交易者还未离开分析技术薄弱、操作技巧生涩的阶段，本身还没有什么明确的交易策略，那么讲不讲纪律其实无所谓，他还没到需要强调纪律的那一步。连交易方法及交易规则都未定型，还谈什么纪律呢？更不要说执行了。

交易是自由的，有灵感随时可入市与出市，也无人限你持仓量，你交易之前所定的纪律大可不必严格执行，也不会有人对你说三道四。最关键的是有种现象很有冲击力，那就是不守纪律有时也能获取暴利，而守纪律却常常失去这种机会。这就引诱了很多人放松安全警惕而投入破坏纪律的队伍中去，甚至认为交易纪律反而是对他们发挥潜能的束缚。

（6）不同之处在于自身修炼有道行

自身修炼与纪律有何不同？自身修炼是内在的，是自觉的。纪律是外在的，甚至是强迫的。就像一个人身体发烧，是内在的、自身的。而菜市场上的烧猪呢，之所以成为烧猪，绝对不是内在的，不管猪有没有此想法，都被人烧了。

交易，从来就没有一剑封喉的秘诀，也没有一句顶一万句的智慧。成功的交易者，既有自身修炼之道行，也有交易纪律的约束。交易过程也可以说是一个人的修炼过程，其获利是技术分析、资金管理、交易策略、心理素质、纪律执行力综合运用的结果。这些因素，缺一不可！

1.4 成功者五要素

在期货市场成功的人风毛麟角，其他绝大多数都以失败而告终，归其原因，不外乎能力不足或时运不济。然而作为投资者，运气是无法靠自己掌握的，唯有不断提高水平，增强自身各项能力，才有可能在好运来临时一飞冲天。以下列举了五种最基本的能力，具备这些能力并不能保证投资生涯的成功，但也是迈向成功之路必不可少的一环。

（1）学习能力

要想在这个风云诡谲、变幻莫测的风险市场上生存，并得到长久的发展，仅靠想当然的主观愿望是不可能的，也不现实。期货市场是永远充满变化的，但并非没有规律可循。我们应该从其本质到实战运行，从出入市点位把握、风险管理、资金管理到心态控制，进行全面、细致、系统的学习和研究，彻底掌握期市的本质规律，坚决不违背客观规律。在期货市场中，你光投入资金而不投入本领，市场就用亏损对你进行教训。巴菲特最可怕的就是永远在学习进化，他一度被贴上"永远不会碰科技股和航空股"的标签，可他近年就重仓了苹果公司和航空公司。看看巴菲特这一生的投资进化，从早年间看图玩技术，到最纯正的"格雷厄姆捡烟头",再到创立新的商业模式并融合了芒格的伟大公司论,快90岁了还有改变自己的能力,就这点都足以"封神称圣"了。而仍在市场中苦苦挣扎的广大投资者,又有何理由故步自封呢?

学习的第一个层面,是对各项投资基础的学习,是对交易市场各个环节全方位的学习、理解和总结,并不单单指对投机理论的学习。这里要强调:理论观念是赚不了钱的,尽管你的理论正确无比,赚钱的最终还是掌握了理论的人。就像军事学院教给每个人正确的战略与战术,但要打胜仗还要靠你的临机决断、临场发挥;理论没有透彻理解和消化不行,消化理解了只是考个好成绩停留在书本上也不行,没有果敢的风格不行,没有面对危机从容镇定的心态不行,没有承受失败的心理准备也不行。所以说,要想成为一个优秀的指挥员是需要多方面的综合素质的,正确的理论只是必要条件,而不是充分条件,期货理念也是这样。正确的理念只是你成为赢家的必要条件,要在市场中胜出,还和你的竞技状态,包括生理状态和心理状态息息相关,也和你的天赋息息相关——不是说你一定要智商多高,关键在于你的心理素质、性格特点是更适合操盘还是更适合理论研究。

学习的第二个层面,是有了一定的基础后,再以开放的心态批判性地接受新鲜事物,不断更新自己的知识结构。可是要做到这一点很难,人性的一大弱点便是只选择自己愿意相信的东西相信,过度排斥自己不知道或是跟以往认知不符的事物,这个缺点在其他领域可能要长时间后才会尝到恶果。可在期货市场,随着已有参与者投资水平的提高，新一代风格迥异的投资者涌入市场，计算机程序化交易又大肆兴起，多种因素都使得行情的变化更加诡异，认知的缺失可能在下一秒就导致账户资金损失殆尽。市场的进化日新月异，而一个人以往的认识将被快速颠覆，如果没有积极吸收新鲜事物的心态与能力，故步自封的结局只能是被市场淘汰。

除了开放的心态之外，还要有独立思考的能力，也就是批判性地接受新鲜事物，不能人云亦云照单全收。当知识储备足够丰富，思考方式趋向成熟后，遇到颠覆以往认知的事物时，先不要忙着排斥，要考虑这背后的逻辑是否成立，将类似逻辑应用在类似事物上，提出假设并用实践去检验。例如投资界著名的"黑天鹅事件"，指非常难以预测且极小概率发生的事件，可一旦发生，通常会引起市场连锁负面反应甚至颠覆市场。

17 世纪之前的欧洲人认为天鹅都是白色的，但随着在澳大利亚发现第一只黑天鹅，这个不可动摇的信念崩塌了。人类总是过度相信经验，而不知道这只"黑天鹅"的出现就足以颠覆一切。当时，有人提出了"因为天鹅都是白色的，所以黑色的那就不叫天鹅，是其他物种"的说法，可是在一系列的论证及大量黑天鹅被发现后，人们不得不接受了天鹅有黑色的这个事实。

在学习过程中，我们还要认识到，期货交易不是由一个公式推出另一个公式。市场中没有任何一种方法是永恒的，你必须把它当成艺术，而且从中感受到艺术的魅力和你的天才、你的个性。

从时间上，学习需要经历三个阶段。

第一阶段，期货市场的知识并不是太多，只要你肯努力，一年半载就能够把期货知识学习完毕。所以期货的入门非常容易，然而这只是学习的初步阶段。很多人在完成这种初步的学习之后就得出结论：期货很容易操作。进而开始进场交易。结果可想而知，亏损接踵而至，在真实的交易中他们才发现需要学习的东西还有太多。

这会使投资者很快进入学习的第二个阶段：困惑迷茫阶段。在这个阶段，因为投资者发现要学习的东西太多了，以至于不知道该学习什么了。似乎什么都需要学，又似乎学什么都没有用。绝大部分投资者都无法度过这个阶段，就被市场淘汰了。

能够度过这个阶段的投资者将进入另外一种状态，他能够形成自己的交易理念，形成自己的交易模式，甚至形成自己的交易哲学。也就是说，他的思想和交易已经形成体系。但进入这种状态的投资者也还是只能阶段性地盈利，还无法持续稳定地盈利。一般人达到这种状态后，再次学习的动力会逐渐丧失，开始围绕自己的体系循环，觉得自己已经理解市场：市场不过如此。然而市场远非"如此"。

他自己的体系开始成为阻碍进一步学习的藩篱，他开始封闭自己，否定别人，甚至嘲笑前两个阶段的投资者，不愿意跟别人交流。确实，能够达到这个阶段的人本来就不多，所以，他变得孤独，从而也很难再次学习和进步。投资者达到这个阶段后，都会形成自己的体系：技术性为主或者基本面为主，抑或政策性为主。很像武林派系，彼此相轻。

这就引出了期货市场学习的第三个阶段，这个阶段才是真正的开始，前两个阶段都相当于基础课程，第三阶段才开始进入专业课程。前两个阶段都是学知识，第三个阶段才开始学技能，技能的学习是永远没有止境的，技能的不断提高才是保持盈利的基础。

提高能力远比掌握知识难度更大，盈利是靠能力，而不是靠知识，所以你应该理解为什么说学习的能力就相当于交易获利的能力了。能力可以分为：市场分析的能力，对市场表现的理解能力，对市场状态的判断能力，对影响市场主导因素的鉴别能力，对技术图表的解读能力，操作计划的制订能力以及执行能力，等等。任何知识，只有通过自己的具体实践、消化吸收才能转化为自己的能力。

到了这个阶段，保持开放、客观的原则最重要，这也是让你能够继续学习进步的原则。期货市场是通过不断破坏规律来前进的，而不是通过建立市场规律来前进的，这是期货市场有别于其他市场的重要特点。期货市场只有保持不确定性才能发展，而不是形成运行规律来发展。

期货市场最有意思的特点是：同样的信息或交易工具在不同的人身上会产生千奇百怪的反应，同样的信息或工具并不具有唯一性、正确性和权威性。所以，对于交易来讲，对信息和交易工具的理解运用比掌握信息和交易工具本身更加重要。掌握大量的信息、购买大量的交易模型对你的分析和交易盈利并不会有太大的帮助，关键要看你的理解和运用能力。所以，不要封闭自己，不要禁锢自己的思想，要勇于否定自己，否定自己过去错误的认识，否定错误就意味着得到正确。通过进一步的学习，你所得到的已经不再是知识性的东西，而是认知能力的提高、分析能力的提高、自信心的增强，进而提高操作能力。

到了第三个阶段，你学习的主要方式就是实践和领悟。不仅仅是交易的实践和领悟，也包括人生的实践和领悟。你会认识到：市场其实就是一个人，你跟市场打交道，其实就是在跟一个内涵很深的人打交道。当你有新的领悟之后，你一定会对原来你自以为完全了解的东西有崭新的认识，包括你原来已经否定的技术指标和交易方式以及分析方式。每个人都在为市场做贡献，每个人都在为自己的盈利而努力，每个人都有可学之处。这个时候，你的学习主要就是与人交流，交流思想、体会、心得，甚至是性格。不要把自己局限在学习交易和市场上，要通过学习经营人生来学习交易，通过学习与人相处、与社会相处来提高，这是根的学习。通过这种学习形成大气、坦然、客观、从容等特质。这些特质对于交易的重要性无须多讲，然而它们并不是通过技术性的行为就能获得的。

所以，再次强调，保持客观和开放的心态，不要封闭自己，永远保持好奇心和求知欲，这样你才能获得不断前进的动力。严格来讲，封闭自己，否定别人就相当于你的交易生命已经进入结束阶段。市场的任何波动都可以找到相应的应对措施，关键是看你的追求。确定了你的追求就确定了你学习的方向和努力的动力。市场在变化，追求在提高，所以，永远不要停止学习。

（2）观察能力

期货行情由各个方面汇集而成，人们主要利用基本面和技术面进行解读，主要包括宏观经济基本面、各品种产业供需、波浪分析、均线分析、K线图和组合形态、重要趋势、KDJ指标、MACD指标等。其中每一种方法都为操作者提供对市场的认识，每种方法在一定的时期内，在一定的价格波动幅度空间，在一定的价位支撑或阻力上，在重要的方向上，都给予了一定的明示。所以说，如何通过看盘或者搜集盘外的基本面信息解读行情，就成为投资者一项至关重要的能力。

同样的行情在不同投资者眼中有不同的解读，人们依据自己的交易系统对市场形成观点，并用系统的开平仓信号作为操作的依据，同一个点位有人买入有人卖出才能达成交易。所以说，观察能力是在有了一套成熟的交易系统后才涉及的问题，即如何观察、解读市场。

（3）综合、分析能力

对市场全面而客观的综合、分析能力是一个投资者必须具备的能力，它是操作能力的基础。综合分析能力几乎贯穿在整个交易活动中。观察研究少不了它，归纳整理少不了它，操作决策也少不了它。

综合，就是对投资市场的各种现象、问题进行收集、归纳、概括，以认清其共同的本质特征。分析，是对市场的状况、矛盾进行分析、剖析，搞清其性质、特点、发展、产生的原因以及与其他各方面的相互关系等。通过综合、分析，进行判断、推理，为制订客观而正确的操盘计划和行动方向提供准确的信息。

分析能力是可以通过学习和训练获得的，要想在投资领域有所作为，自己必须刻苦学习。投资分析方法的获得主要有四种渠道：一是学习前人的方法和著作，二是自己的研究发现和积累，三是盘感的训练和思考，四是向别人学习和与人交流。

提高综合分析能力，绝对有赖于操作者思考能力和洞察能力的提高，在繁复多变、险象环生的期货市场中，有反映市场本质的现象，也有不反映事物本质的虚假成分。我们在进行综合分析时就要下一番功夫，去伪存真，由此及彼、由表及里、由分散到集中、由具体到概括地总结。切忌综合分析的主观、片面和表面化。

此外，提高综合分析能力的另一个途径，就是要坚持多学习、多总结、多领悟，做到理论与实战相结合。必须勤动脑、善思考，这是有效地促进交易理论转化为操作能力的最重要的过程。那种懒于总结、疏于思考的人，不可能具有高超的综合分析能力。

（4）执行能力

投资执行能力是投资的关键能力，是投资的核心能力，也是最要紧的能力，是最高境界的一种能力。即使有好的分析能力，但如果不能把分析能力有效地转化为实际投资能力，那你依然不会做投资。说得挺好，做得不好，这实际上没有什么意义。

分析能力和执行能力的差异主要在心理压力和进出点的确定方面。隔岸观火指点江山，那是没有心理负担的。而当你持有一个品种，你的压力随之即来，你的心理状况就会直接影响你的思维。如何把分析能力转变为实操能力？既然是能力，通过学习和训练就可以得到提高，特别是模拟训练，模拟得越接近实盘，越能体现效果，这是很重要的一环。在模拟训练的时候，一定要真实，你不能欺骗自己。这种能力的培养主要是在心理控制、分析能力、资金管理、风险控制等方面的培养和训练，它是综合的能力训练，要建立自己的交易系统，要建立自己科学的投资哲学，要树立正确的投资理念，要不折不扣执行自己的操作纪律。投资盈利能力的提高不是一朝一夕能出来的，学到盈利能力是非常艰苦的。

（5）控制能力

期货市场变幻无穷。大赢大亏，对投资者人性的考验、性格的陶冶，很难有哪种行业能够比得上。交易者操作失败的原因很多，但事实证明，大部分亏损是由性格和心理因素造成的，只有心态正常才能产生理想的结果。

人的性格，是一种双重组合：坚定与动摇、顽强与脆弱、挺身与畏缩、耐心与急躁、细心与大意、骄傲与谦虚、知足与贪婪、果断与迟延……成功人士之所以成功，并非他们天生没有缺点，而是他们在实践的磨炼中，努力发挥自己的优点，注意克服自己的缺点。你必须心平气和地控制自己的情绪，不因未来的买卖而辗转难眠。如果你不能控制自己的情绪，那最好另谋发展。因为在期货市场里，每天都有很多刺激的事情发生，要应付这些突如其来的变化，必须精明冷静，否则便会举棋不定。

选择入市时机，避免在市场中随行情波动买卖；应当事先定下可能的买卖价格，耐心捕捉，不容急躁；加码扩大战果，全靠胆识，不能畏缩；及时获利平仓，适时止盈，不可太贪；看错认赔，全凭当机立断，杜绝患得患失；小回档要固守，执行计划，不得犹豫动摇；等等。从某种意义而言，期货交易的获利，是对我们性格优点的奖赏；反过来说，亏损则是对我们性格缺点的惩罚。

知行合一是投资的最高境界。知和行的问题绝对是困扰一个投资者的难解之题。在投资市场中，大多数交易者正是对此没有形成真正深刻的认识并忠贞地执行，才最终难以跻身成功交易者的行列。知和行的问题，话说重一点，实际上还是因为一知半解。无知，无谓行；一知半解，难行；真知（跟市场尽量融为一体，以自己的视角读懂市场），易行。成功的交易者总是睁着两只眼，一只望着市场，一只永远望着自己。任何时候，最大的敌人都是自己。校正自己，永远比观察市场重要。向控制自己下功夫，心理控制、行为控制的重要性怎么强调都不过分，只要能过这一关，就成功了一半；这点做不到，其他部分做得再好都没用。要成功，首先要有控制自己行为的能力。做不到这一点，没有人能帮你，也不可能迈出这最后半步。

综上所述，这五种基本能力的具备是成为一位成功投资者的基本条件，但绝非充分条件，在永远充满变数的投资市场，我们要时刻接受市场及人性的拷问；我们必须踏实地、认真地、老老实实地充实自己的能力，提高自己的素质，并最终形成对自己的超越，才有可能最终得到市场公平的奖赏！

第 **2** 章

期货交易系统

2.1 什么是交易系统

我们在投资过程中往往会提到交易系统，无论是专家讲座、媒体宣传、投资书籍还是朋友交流，都会或多或少提到交易系统以及它在投资中的重要性，那么究竟什么才是交易系统？它包含哪些要素？构建、使用并优化交易系统将成为投资者通往稳定盈利道路上必不可少的一环。

交易系统是将投资者的交易思维变得可执行的产物。简单来说，它是一种规则，是投资者的决策与行动依据，是包括投资哲学、投资目标、市场分析、开仓、平仓、资金管理等一系列要素的完整链条。为了不与电脑系统混为一谈，这里，交易系统不是指需要在电脑上才可以运行的系统，而是一种交易方法、一套行为准则。只要包括了投资哲学、投资目标、市场分析、开仓、平仓、资金管理这些要素，无论是人手动敲击电脑下单，还是编写电脑程序自动下单，都是交易系统。不管是有意识还是无意识，我们都有一个交易系统，只不过专业人士的系统更加完善而初学者的相对存在缺陷。在某种意义上，即使在贪婪、恐惧等情绪主导之下进行的追涨杀跌，也可以称为一种交易系统。

交易系统的重要性就犹如航海时的灯塔，少了它，就将迷失在混沌的价格涨跌中，不知道自己想要什么、该怎么做，由于缺少行事标准，最终只能被情绪所主导，被性格缺陷所影响。贪婪、恐惧、急躁、焦虑等情绪轮番发作，投资者频繁交易、重仓交易、逆势交易、不止损等问题逐个出现，没有交易系统作为参照标准，甚至连每个交易行为的对错都难以界定。所以说，一套有效的交易系统是成功投资者必须具备的。

2.2　构建交易系统的原则

交易系统设计的原则，就是要能帮助使用者明确投资目标、认知市场、理解价格波动、提供行为准则。具体来讲，交易系统的设计应遵循以下原则：

（1）交易系统应该具有完整性和客观性

从系统的观点来看，一个完整的交易系统至少应该包括以下组成部分：投资目标、市场分析、决策、操作、资金管理与风险控制等子系统。简单来说，一个完整的交易系统，应该包括入市、离市和资金管理等各项条件。

交易系统的客观性有两方面的含义：其一，系统设计的基础应该建立在市场运行的客观规律之上，交易系统不能只是凭空想象的产物，还要通过在市场实际应用的过程中检验其是否有效；其二，系统给出的决策信号是确定的和唯一的，应具备可操作性。

（2）交易系统的设计应该从"自我"出发

所谓从"自我"出发，首先要剖析自我，客观地评价自己的优势、劣势（尤其是自己性格中的缺陷）以及偏好等个人因素，在此基础上开发设计出适合自己的交易系统。

（3）交易系统的设计要避免坠入"追求完美"的陷阱

每个人对市场都有自己不同的认识和理解，但有一点是毫无疑义的，即世上不存在100%正确的交易系统。系统的成功率固然重要，但并非唯一重要的因素。成功率达到90%的系统也会造成重大损失，成功率仅为40%的系统也可以取得良好的收益。如果一个系统的成功率能够优于大猩猩"掷飞镖"，比如55%，它可能就是一个相当不错的系统。当然，前提要以严格合理的资金管理和止损离市措施作为保证。

衡量一个交易系统好坏的简单标准是：从每笔交易来看，是否能够做到"小输大赢"；从长期来看，是否能够做到稳定盈利。

（4）交易系统应力求简单，不宜太过复杂

交易系统并非越复杂越有效，更多时候，简单的便是最好的。华尔街大佬斯坦利·克罗就认为，交易系统应该尽量简单，即"KISS"（Keep it simple，stupid。保持简单）原则。因为，系统越复杂，代表决策的依据越复杂，而不同决策链条也越容易自相矛盾，很可能出现同一价格给出不同操作信号的情况，违背了操作信号唯一性、可操作性的原则。

2.3 交易系统设计的步骤

前文提到，交易系统是将投资者的交易思维变得可执行的产物，是要能帮助使用者明确投资目标、认知市场、理解价格波动、提供行为准则，是包括投资哲学、投资目的、市场分析、开仓、平仓、资金管理等一系列要素的完整链条。知道了系统所需包含的要素，就可以依次设计出一套交易系统。

（1）确立投资目标

第一步是整个系统的核心，交易系统必须明确投资目标，清楚地定位应该捕捉哪种类型的利润。根据时间周期来看，可以分为短线、波段、长线。这一步是战略层面的定位，交易系统其余部分均需基于投资目标进行设计，可谓牵一发而动全身。

（2）明确盈利模式

盈利模式，其本质是我们基于投资目标基础上所形成的理念"具化"。比如说，假如我们认为市场是有趋势的，我们就可以对"趋势"进行定义，并形成"趋势"的概念。再比如，我们认为"物极必反"，股票跌得多了就会涨，我们就可以由此形成"超跌反弹"和"反转"的概念。不同类型的概念对应着不同的交易系统。一般来说，有三种主要的交易系统：

① 顺势而为型。即通常所说的"追随趋势"，其实质就是"追涨杀跌"。该系统的核心在于趋势的确认。

② 逆市型。抄底者所用的就是此类交易系统。一般需要考虑支撑、回撤百分比、震荡指标等。

③ 形态识别型。某些经典的技术形态（如大型头肩底）有很高的可靠性，以此为基础可以开发出相应的"形态识别型"交易系统。

（3）将模式转换为一套客观的准则

这是系统设计的一个很重要的步骤，它关系到我们设计的交易系统是否客观，是否具备可操作性。要通过基本面分析或技术面分析，明确具体开仓、平仓、止损、资金管理等标准。这一步完成后，可以说设计的工作基本完成了，之后就是接受检验。

（4）对交易系统进行初步测试

依据交易系统，在市场中使用，测试它在一定的时间周期内是否有效。当然，现在电脑软件越来越发达，有能力的投资者可以把这些操作准则都编辑为程序代码，用计算机进行历史行情的回测，这样比在市场中一天一天地实验效率要高。但也有一定的弊端，电脑历史回测时往往不考虑当下市场条件具不具备开平仓条件，比如交易系统在某品种涨停板价格发出买入信号，电脑回测时这笔交易会被记录为成功执行。而在真实环境中，这笔交易几乎是成交不了的，这也是为什么很多在电脑回测中表现很好的策略在真实环境中往往不尽如人意的一个原因。

（5）对测试结果进行评估

在测试完成后，我们需要对统计数位进行分析，在此基础上评价系统的效果。评估时主要考虑以下几项指标：

① 成功率，即盈利交易次数占所有交易次数的比例；

② 期望值，希望你还记得 EV 的公式，EV= 盈利的概率 ×

盈利幅度－亏损的概率 × 亏损幅度，我们要设计开发的是期望值为正值的交易系统；

③ 最大单笔盈利及最大单笔损失；

④ 阶段性最大回撤；

⑤ 夏普比率、詹森指数等。

（6）改进优化

交易系统不可能完美，总有适应的行情与不适应的行情，或者系统本身还存在其他缺陷。这都要求投资者在交易中不断发现问题、总结、反思并改正，随着市场行情的变化，交易系统的优化是长期的、不可停止的。

2.4 交易系统的核心
——投资目标与交易模式的选择

在简单介绍过交易系统所需包含的要素以及设计步骤后，下面我们详细讨论各个要素。从重要程度来看，我认为明确投资目标、选择适合自己的交易模式等战略层面的问题更加重要，所以关于开平仓方法这些战术层面的部分暂不详细展开讨论。

2.4.1 投资目标

所谓投资目标，就是要投资者在交易之前对收益有个清晰的目标，有明确的利润来源。如果按时间周期来划分，我们究竟是要捕捉长期大趋势行情，或是中期波段行情，还是日内的短期波动？这部分可以说是整个交易系统核心的部分，它为投资者指明了战略方向，系统中其余要素都要以这个目标为核心进行配合。有了目标，我们就知道该选择什么交易模式，如何开仓平仓，如何止损以及如何管理资金，解决后面的问题都事半功倍。然而市面上绝大多数的书籍、专家讲座对这部分的阐述反而是最少的，讲得更多的可能是某个交易策略、某个技术指标、某套分析方法等战术层面的问题。然而投资者对战略方向不明确，对技术指标、分析方法背后的基本假设及行情适应性问题认识不清，往往会导致学而不精，到头来也仅仅停留在道听途说的水平，交流时讲起理论基础头头是道，一到实战中却屡战屡败。我想这很大一部分原因都是出在战略目标上，所以下文也将用较大篇幅论述这部分。

　　既然是目标制定，就存在一个合理性的问题，评判合理性的其中一个维度是目标与市场常识的匹配度，也就是说，目标不能不切实际。对于一个交易系统而言，战略目标首先要有唯一性，我并不认为有一套方法能抓住市场长期、中期、短期的所有波动。即使有，那么掌握这套方法的人会快速吸光市场中的钱，消灭所有对手，而后市场也将消失。现实中这种情况并未发生，所以也就不存在这么一座交易"圣杯"了，这是市场常识。从执行的角度来看，无论股市、期市还是其他市场，行情的演变往往是复杂的，长期趋势中夹杂着中期波段，波段行情中还有日内的来回反复，在不同时间尺度内价格运动有时同步共振，有时相互矛盾，而当一个系统包含了多种时间尺度的标准时一定会在同一时间点发出完全相反的操作信号。比如当长期上涨趋势中出现阶段性下跌到某一关键价格时，按照捕捉大趋势的逻辑，系统会发出做多的信号，然而短线操作系统可能会发出做空的信号，这个时候就有了矛盾，有分歧就面临决策与选择。此时我们就应回到交易系统的核心目标，只要它是唯一的，一切就很简单。如果系统要抓长期趋势，那么矛盾出现时，应舍弃短线机会；如果系统目标是把握短线利润，此时就要放弃长线机会；如果有多重目标，既想抓住长期趋势又不想错过短线波动，那么投资者就会变得无所适从。

　　"布里丹毛驴效应"就生动地描绘了这一现象。故事讲的是布里丹养了一头毛驴，主人每天都要向附近的农民买一堆草料来喂养。有一天，农民在相反的方向放了同样一堆草，于是就出了问题：毛驴站在两堆数量、质量和与它距离完全相等的草料中间难以抉择。虽然毛驴可以选择任意一堆，但由于两堆草价值相等，客观上无法分析优劣，于是它左顾右盼始终无法做出选择，最终活活饿死。交易中也是如此，系统中的多重目标可能并不会为你赚到更多的钱，相反，可能会让你陷入布里丹毛驴的困境，最终什么也得不到。

相对于市场匹配度，目标合理性的另外一个评判维度就是它与投资者的匹配度。投资者在尊重市场常识的基础上同时也要考虑自身如性格特点、财务状况、知识结构、人生规划等一系列因素，综合得出一个结论，选择适当的操作周期，把握自己可以把握的那部分行情。操作周期方面，不管是长线、波段还是短线，都有各自的优势和劣势。长期趋势中价格单向运动幅度大，把握好一波趋势行情所获得的利润将非常丰厚。但趋势行情中价格运动也会出现长时间的停滞不前甚至大幅度的反向运动，坚持还是放弃？会不会因为风险失控而被清理出局？波段行情的出现概率相对略高，几次做出正确选择后的利润也非常可观，可缺点就在于行情常常不可持续，发生反转的概率也相对较高，投资者在行情反转时不能及时平仓的后果将非常可怕。短线交易的优势在于单笔交易利润较小，风险相对可控，交易信号频繁，属于积小胜为大胜的方法。但在单边趋势行情中，短线交易的表现将远逊趋势交易，而且短线对投资者的盘感经验及操作手法要求更高。所以，投资者一定要结合市场情况和自身条件，选择适合自己的目标，有了目标之后，再开始考虑交易模式的选择问题。以下简单总结了各操作周期的一些特点以及对投资者的要求，用于选择交易模式时参考。

2.4.2 操作模式

（1）基于时间周期的交易模式

根据所选择的时间周期，期货交易方式可以归纳为：短线交易、波段交易、长线交易。上文已经提到，不要幻想把这三种交易方式集于一身从而把资金曲线拉直，把资金曲线拉直是一个无法实现的梦想，这个不切实际的梦想使绝大部分投资者陷入亏损的泥潭。这三种交易方式的投资理念和对投资者的要求各不相同，投资者可根据自身的情况来选择适合自己的方式。

A. 短线交易

几乎所有的投资者都是从快进快出的短线交易方式开始自己的期货交易生涯的，但这不是真正意义上的短线交易，这种交易与真正的短线交易形似而神不同。绝大部分投资者可能一直处于这种形似而神不同的交易状态中，他们也自认为是在做期货短线交易。然而，真正的短线交易就如同在游戏中赚钱，与此相反，形似而神不同的短线交易就如同在花钱玩游戏，二者截然不同。

成功的期货短线交易如同在游戏中赚钱，但在游戏中赚钱绝非易事。短线交易主要依赖投资者的盘感，而不是理性的、大量的基本面信息分析。价格在一天中的波动主要来自交易者的情绪和心理以及资金的作用，特别是在大幅震荡行情中尤其如此，这种行情也是短线交易者的理想行情。而良好的盘感不是一朝一夕所能形成的，它需要付出巨额甚至惨痛的代价。

短线交易很容易模仿，但不容易成功，因为短线交易需要投资者的心灵与市场的波动节拍相吻合，至少是在大部分情况下相吻合。期货短线交易对投资者的要求非常高，进出场容不得半点犹豫，胜负往往取决于一个点，快速止损和获利平仓的敏感度会超出普通投资者的想象。短线交易看似容易，你甚至可以跟一位短线交易者一起交易，最终却可能是他赚你赔，所以短线交易其实很难。正常人都用脑子来决定行动，而短线交易者却是用心灵来决定行动，甚至可以说是用第一反应或者本能来交易。短线交易买卖不需要世人认可的理由，它是一种身心合一的行为，是一种艺术，是一种境界，你可以总结，但很难达到一定的高度。

成功的期货短线交易需要长期的交易经验积累，而不是看书就能学会，它不是知识而是能力和综合素质。短线交易模式操作要求包括：

a.要充分了解这种模式的特点：胜率高、盈利低，更注重的是反应能力而不是分析能力；

b. 要能够迅速评估整个市场的普遍气氛和潜在方向；

c. 要在早上开盘一分钟前注意到所有的因素，并在脑海中计划不同的情景和操作方案；

d. 必须尽力使自己的操作方向与当天的市场走向保持一致，及早抓住市场心理；

e. 随时评价市场的强弱，比如检测支撑和阻力区、均线和常用图表形态等；

f. 要能够判断市场上的潜在动力以及潜在的买方力量和卖方力量；

g. 要了解通常的价格波动幅度，如果当天的价格变动已经超过或接近了它通常的变动幅度，则立即收取利润；

h. 短线模式不要试图找顶卖空或摸底买入；

i. 在现实和预计不同时缩小交易规模或停止交易；

j. 日内交易时只做一个品种；

k. 特殊情况比如除重要点位的假突破外，每天交易只做一个方向；

l. 根据自身能力和市场状况合理运用资金，并严格设置和执行止损；

m. 每次的获利了结是主动从容的而不是被迫的。

B. 波段、长线交易

期货的波段、长线交易与短线完全不同。长线交易有一个最大的特点：亏小赢大。它不重视盈亏的次数比例，而重视盈亏的质量，这是它与短线交易的本质区别。如果说短线交易者是艺术家，那么长线交易者就是工程师。艺术家进行艺术创作充满兴奋和激情，而工程师进行工程建设却充满艰辛和挑战，因为工程建设需要长期努力，中途会出现意想不到的情况。同理，期货长线交易更注重理性，而不是激情。

广大投资者理论上更适合期货长线交易，因为他们注重理性。但也因为他们太理性和客观，故他们会失去每日交易的兴奋，形成一种孤独和更需要忍耐力的交易行为，有点像苦行僧，这种清苦让很多人重新加入短线交易行列中去。长线交易者追逐趋势，认为趋势是自己唯一的真正的朋友，是自己利润的来源。他不重视价格的日内波动，认为价格的日内波动几乎和自己没有关系，这也会让人觉得他麻木不仁，甚至像傻子。他也不重视第二天行情会怎么走，他只重视趋势是否结束。长线交易者持仓的忍耐力绝非一般投资者所能理解，也非一般投资者所能承受。市场有一种误解，认为长线交易者之所以能够长期持仓是因为他能预测到市场的趋势和终点，所以才能放心长期持有。

但实际上，长线交易者不可能知道市场未来的走势，他只是遵守纪律、跟踪趋势，要忍受更多的痛苦，可以说长线获利就是用漫长的市场折磨所换来的。市场的大幅波动可以轻松地吃掉原有持仓的大部分利润，最难以忍受的是这种回撤，往往还是你认为确实要发生的，也就是说，你眼睁睁地看到利润撤回去。这就如同有人在你有准备的情况下抢走你的钱一样，这种痛苦你能理解吗？能接受吗？长线交易者要放弃很多认为必然有把握的获利机会而换取长期利润。

另外，长线交易的机会也较少，市场一年之中大部分时间都在震荡，震荡之时长线交易者一直在亏损，并且往往都是在持仓获利的情况下转为亏损的，这种折磨足以击垮任何人！同时，市场有时大幅回撤，并产生趋势结束的信号，你也被迫在失去很大一块利润的情况下平仓离场，而之后市场又朝你预想的方向运行，此时你必须有超人的勇气和毅力选择再次进场。这些情况都是说起来容易，真做起来会超出想象的难。长线交易最重要的是保持客观和遵守纪律，在很多情况下要放弃你自己鲜活的思想和判断，但结束一次成功的长线头寸却可以获取令人羡慕的回报，这也是长线之所以令人向往的原因。

波段交易模式操作要求包括：

a. 要能够判断支撑位和压力位的支撑和压力程度；

b. 要有在支撑位和压力位迅速建仓的勇气；

c. 要敢于牺牲利润以及勇于承受判断失误的风险，接受小幅调整；

d. 要根据自身经验、能力和市场状况合理运用资金，并严格设置和执行止损；

e. 要懂得如何保护利润，即设置止盈。

长线交易模式操作要求包括：

a. 要充分了解这种模式的特点：胜率低、盈利高；

b. 资金实力要强，能够在接连判断失误造成亏损后，仍有实力和勇气介入；

c. 要敢于牺牲利润以及勇于承受判断失误的风险，接受调整；

d. 认真分析，坚持己见，不被各种言论左右；

e. 要根据价格运行过程，通过加仓实现利润最大化，而不是一次性重仓或满仓；

f. 严格设置和执行止损；

g. 要懂得如何保护利润，即设置止盈；

h. 当发现走势性质已经发生改变时，要迅速结清所有头寸。

不管是做长线还是短线，盈利的原因都是因为判断对了一个阶段的趋势。而市场的趋势会往哪里走，以怎样的形态怎样的速度走，我们一般都只能在事后才完全知道。但如果我们能够紧跟市场的步伐，即使是事后知道它在哪里，也能获得不错的收益。于是趋势跟踪的理论成为不少投资者认可的投资方法，不少投资者也用此方法获得了盈利。

趋势跟踪的核心精髓就是你一直紧跟着市场，永远只比它慢半拍，永远不去预测它的下一拍，只是一直跟着没有跟丢就算赢了。就好像你要跟踪一个重要人物，他从家里出来后往一个方向走了，你就要跟着走，不要判断他往哪个方向去，是真心还是假意；中途他停顿下来吃饭，你最好也停顿下来，因为你不知道他吃完饭后是继续往前走还是会回家，或是继续停留在饭店内；如果他中间折返了，你最好也随时准备跟着他折返，因为你还是不知道他是忘了什么东西在饭店去取一下马上就回来，还是直接回家了，或者也不回家继续往反方向走；保证不跟丢他的唯一方法就是一直跟着他，而不是判断他下一步会去哪里，然后选个自认为合适的路口等他。在一个规定的阶段内，只要你一直跟着他，跟上了就是赢了，就完成了任务，就可以获得酬劳。中间他的折返、停顿或许让你不舒服，但你为了不跟丢他，为了不失去最后的酬劳，必须陪他折返、停顿。

（2）基于开仓位置的交易模式

目前市场上开仓依据繁多，但从开仓位置来看，不外乎两种：一种是左侧交易，另一种是右侧交易。什么情况下适合做左侧交易？什么情况下适合采取右侧交易？到底哪种方法好呢？首先我们先了解一下什么是左侧交易和右侧交易。

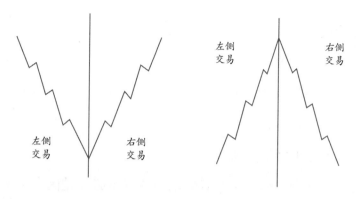

左侧交易和右侧交易解释图

从上图中我们可以看出：

a. 在下跌时，以底部为界，凡在底部左侧低吸者，属左侧交易，而在见底回升后的追涨，属右侧交易。

b. 左侧交易是买入方向和价格运动方向相反的交易系统，右侧交易是买入方向和价格运动方向相同的交易系统。

通俗点说，左侧交易的原则是低吸高抛，右侧交易的原则是追涨杀跌。左侧交易强调前瞻预测，右侧交易看重顺势而为，下面我们分别来看。

A. 左侧交易

左侧交易也叫逆向交易，其特点是，在价格抵达或者即将抵达某个所谓的重要支撑点或者阻力点的时候就直接逆向入市，而不会等待价格转势。

左侧交易的优点是容易把握交易细节，因为左侧交易并没有要求"鱼头不许吃，鱼尾也不许吃"。虽然左侧交易时趋势一般不太明朗，但价格相对有优势，这样交易的空间和获利的空间对比右侧交易大得多。当然，风险也要相对大一些，这就是它的缺点所在。我们有可能买不到最低点，后面还有下跌，或卖不到最高点，后面还有上涨。

使用要点主要包括以下几个方面：

第一，在资金属性上，我们动用的资金必须是闲余资金，也就是说，短期内不太可能用到的资金，或者说是在满足了自己所有的消费需求和经营需求以外的资金。借贷资金、养老资金、生活资金都不适合进行左侧交易。这样的资金我本人认为根本不适合进入股市、期货市场，即使采用右侧交易。在交易时，仓位的控制也至关重要，由于左侧交易是短期时间周期的逆向交易，价格很有可能在开仓之后继续朝不利的方向发展，如果仓位过重，对持仓心理以及账户资金都是极大的考验。

第二，能够忍受浮亏。就股市而言，安全边际是一个范围，不是一个很准确的点。因此我们可以采用逐步建仓的方式，买入了之后，股市会惯性下跌，当然运气好也可能买到最低点，但这样的低点绝对不是预测来的，也不是计算出来的，这就是碰到的。其实，左侧交易不在于形式，而在于逻辑，只要不是看到股市已经要转折了才进行买进的都是左侧交易，因为左侧交易买入的逻辑就是股票价格变得有吸引力，买得物有所值。

第三，要长期持有，不轻易止损。这里的逻辑是建立在你买了便宜货，市场的价值规律决定了便宜不合理的价格不可能长期存在。当然，我们能买到未来有潜力而现在便宜的股票，未来自然更有增值空间。至于长期持有的时间要多久，这里面要考虑两个因素：我们投资的市场，企业经济是衰退还是增长；增长或者衰退时间有多久。如果我们所投资的市场处于成长期，我们持有的时间一定是我们买入的股票出现盈利，而且盈利后的股价已经超出我们所理解的范围，否则，长期持有会很危险。所以，在判断股价有没有吸引力，是否要用价值投资进行左侧交易时，我们要考虑企业的未来，而不是现在的估值水平。但在期货市场，在持仓周期以及止损幅度上都需要比股市中更短更小，一是期货合约有明确的到期日，不能像股票一样永远持有，在合约到期时必须平仓；二是期货具有杠杆属性，放大盈利的同时也增大亏损，一旦保证金不足就将被期货公司强制平仓，在极端行情下甚至直接爆仓都是有可能的。

B. 右侧交易

右侧交易选择在下跌阶段性底部出现以后买入，或者在上涨阶段性顶部出现以后卖出，不需要预测底部与顶部何时出现，而是等到底部与顶部出现后再进行买卖操作。右侧交易也被称为"右半球理论"，也就是顺势而为，绝对不进行逆势操作，绝不预测未来。

它的优点是买在低点之后的上升途中，趋势相对明朗，缺点就是价格已经没有了优势。这要求市场行情单向波动的幅度必须足够大。但在震荡中选择右侧交易容易出现买也错、卖也错的"左右挨打"的被动局面，即使是在趋势行情中，开仓之后短期内也极易遭遇回调。

使用要点主要包括以下几个方面：

第一，保持足够仓位。若想在右侧交易中把握主动、成为胜者，首先要保持足够的仓位。当价格趋势确立，交易机会来临时，应采取重仓甚至满仓策略进行操作，从而分享右侧交易带来的良好收益。

第二，坚决持仓。一般情况下，出现趋势性行情的概率远小于震荡行情，在震荡中右侧交易频频止损，可一旦朝某一方向形成趋势，坚决持仓后的利润将远大于在震荡中的亏损。所以说，为了长期保持这种模式的盈利，趋势出现之后必须坚决持仓，获得可观利润后再根据具体情况选择继续持有还是获利了结。否则，会在震荡中"左右挨打"，刚刚形成趋势又早早平仓，系统EV 容易为负，长期来看，一定会亏损。

第三，博取超额收益。在确保做到以上两点的基础上，再考虑用适量的筹码通过短线交易方法博取超额收益。此举目的在于，一方面让持有的仓位继续在盈利的方向水涨船高，另一方面在确保仓位不减的同时增加账户资金，进一步提高右侧交易的操作效果和账户总值。

总体来说，右侧交易法的要点就是顺势交易，跟着趋势来，尽量回避不确定的走势，只在明显的涨势中下注。当出现估值偏低时，不要老想着买入一个最低价，频繁地去预测市场底部抄底；而应该在底部形成后，再用次低的价格买入期货一路持有，待价而沽。

左侧交易和右侧交易没有优劣之分，只看使用者的选择。由于价格波动是难以预测的，故很多投资者认为右侧交易优于左侧交易，这其实是一种错误的观念。由于惯性思维使然，人们会认为在上涨和下跌过程中价格将维持其原有的趋势，如右侧系统在价格上涨的过程中发出买入信号，在下跌的过程中发出卖出信号。就是基于这个理论，并认为经过上涨后的标的后续上涨的概率更大；相反，价格经过一轮下跌后，后续下跌的概率大。但在现实中，价格单向波动的持续性很难界定，这取决于观测的时间周期。如果按秒来计的话，上一秒价格上涨，那下一秒也很可能上涨，但如果按天计算的话不确定性就非常高，这就牵扯到投资者所选择操作的时间周期，很难说哪种交易方式适合某种交易风格的投资者。非要说的话，左侧交易比较适合中长期的价值投资者；而右侧交易，则比较适合短线交易、波段交易的投资者。

当然，事情没有绝对，随着投资者水平的提高，交易方法不断优化，投资者可以结合左侧交易与右侧交易。比如一位趋势投资者在行情不断下跌的过程中通过左侧交易建立了 50% 的仓位，计划在这部分仓位没有盈利之前或者价格没有形成对自己有利的趋势之前不再投入资金，等到趋势相对明朗后再使用右侧交易加仓。相对于越跌越买的策略，这种方法牺牲了部分抄底成功后的利润，但也减少了如果失败后的损失，相对中庸。

2.4.3 交易模式的选择

在确定了投资目标与了解了各种类型的交易模式之后，我们还需要从以下两个方面综合考虑，选出适合自己的交易模式。

（1）依据性格

通过以上介绍，我们初步了解了各操作模式的特点。但是，一直以来，交易者尤其是新手交易者在交易中，要么根本没有考虑过该用何种交易模式，要么是不知道该用哪种交易模式，要么以一种模式应对所有的交易机会。由于其交易思路非常模糊，因此交易结果也就不甚理想。那么该如何在短线交易与趋势交易两者中做出抉择呢？

其实，各周期的选择没有对错之分，一切都是由交易者性格决定的。性格不同便意味着关注点不同、交易方法不同，交易工具也会有所不同。交易系统与投资者性格要匹配，否则就像穿着拖鞋登山，让郭靖修炼葵花宝典，让姚明参加举重比赛，不但不能发挥其本身的优势，性格与交易系统还会相互拖累。在投资领域，很难相信一个性格急躁、每天总想在市场上做些什么的人可以安心做好长线交易；也很难见到一个神经大条的人去做短线交易能取得什么优异成绩，所以唯有性格与交易系统相匹配才能发挥威力。

以上提到的性格急躁和神经大条，我并不想用"缺点"这个词来形容，而是更倾向于用"特征"。因为评判优缺点取决于你站在什么角度，在一种情况下的缺点，换个角度可能正是优点。例如，"克服贪婪和恐惧"这句话经常被人提起，其实这句话没说完，我认为应该是"有条件地克服贪婪和恐惧"，为什么这么说？对于一个长线的趋势交易者，在交易系统判定行情刚刚启动，后续发展可能相当乐观的时候，为什么要把贪婪克服掉？此时贪婪是优点，恐惧是缺点，应该尽可能地贪婪，克服价格短期反向波动所带来的恐惧。另外一种情况，对于一个短线交易者，某笔交易的利润已经大幅超出预期，行情随时可能反转，此时贪婪是缺点，恐惧成了优点，应该克服贪婪，及时止盈。所以说，脱离了交易系统的利润目标去谈性格优缺点是没有意义的，我们必须用一套标准，站在一个立场去看待问题，这套标准就是我们的交易系统。

短线交易者不适合用趋势系统进行交易，他需要仔细盯盘，并洞察其中的蛛丝马迹，在交易中精力必须高度集中，不能受到丝毫的影响。而对于趋势交易者来说则不用盯盘，不为盘面的涟漪所干扰，甚至仔细看盘成了趋势交易者之大忌讳。

所以，不同交易者的性格会产生不同的操作方法，不同的性格决定了不同的关注点和不同的交易方法以及不同的交易工具。

对于方法而言没有孰是孰非、孰优孰劣之分，关键看其能否适合交易者的性格。短线交易系统更强调的是系统的成功率，即要求盈利次数要明显多于亏损次数，其奉行的投资哲学是"薄利多销，积少成多"；趋势交易系统则更注重的是"小亏大赢"，用不断的止损作为成本和代价去换取大的趋势利润，趋势交易者对成功率并不敏感，有些趋势交易系统的盈利次数甚至小于亏损次数，但其最终却是盈利系统，这充分说明了趋势系统所奉行的投资哲学是"厚利薄销，小亏大赢"。因此，短线交易者选择短线交易系统作为其交易工具，中长线交易者选择趋势交易系统作为其交易工具，这是交易员与交易系统的良好搭配。当然，有经验的交易员会在短线系统和趋势系统之间找到好的结合点，即当行情处于"持币观望区"时，趋势交易者既可停止交易，也可使用短线系统进行辅助交易。

所以说，交易系统反过来又反映了交易者的人性特征。交易方法本身是科学的艺术，是具有艺术性的科学。其中，交易方法受价格运动特征和资本特征的制约，这种制约是科学性的体现，但交易方法还必须受到人性的制约，具有投资人的激进型、保守型或者稳健型的个性色彩，否则，交易系统则不能为人所接受。交易系统的人性特征，则导致了交易方法的艺术性，并具体体现为带有人性色彩的不同的交易策略。因此，交易系统如果是私密性的，则必然具有其研制人、使用人的文化、性格、经验等个性特点；而交易系统如果是半开放性的、用于基金投资的交易工具，则应该具有可以容纳不同人性特征的交易策略库，以达到适应基金董事层或者具体的交易实施管理层人性特点的可选择性要求。

然而交易系统仅仅是工具层面的术，一个人的思想境界决定了他在期货市场能走多远。所以交易系统要服从于人，而不是人去适应交易系统。"浓汤野人"林广茂先生回忆起自己在 2010 年棉花行情中从 600 万元做到 20 亿元的经历时曾经表示："我的性格里有一个缺点，就是好赌。我知道自己很难把这个缺点改掉，所以我干脆把我的缺点融入我的交易里。"绝大部分的投资者在第一次接触股票、期货交易时已有一定年纪，性格已经相对成型，很难再发生翻天覆地的变化，"江山易改，本性难移"，为了一套不适合自己的系统而改变性格很难奏效。有的人天生做事稳健，让他不顾一切地满仓进出就比较困难；有的人敢闯敢拼，操作手法大开大合，习惯了"开高速路"后他也很难忍受"乡间小路"的龟速前行。什么时候需要改性格？或者说克服性格中的"缺点"？我认为这就要回到你的投资目标，想短期暴富就要激进，稳健的性格很显然做不到，胆小就是缺点。如果想保持资产长期稳健地保值增值，那么好赌的性格可能就要改一改，如果改不了最好还是调整投资目标。

（2）依据人生规划

投资者进入金融市场前就要做好充分的规划，对投资的生命周期、盈利目标、自身财务状况、以后的人生道路等都要想清楚。例如，假设有一名大学毕业生想把期货投资作为自己的终生事业，实现稳定盈利，做到 80 岁再退休，但他目前财力有限，暂时承受不了太大的资金波动，怎么解决？假设又有一名大学毕业生，认为期货市场只是快速实现财富自由的工具，人生还有其他更美好的事等着他去体验，所以他打算拿一笔亏得起的钱来赌一把，几年之内如果没有成效就果断退出。以上两个例子，结合这两位大学生不同的目标、盈利期望，应该怎样构建合适的交易系统？这个留给大家去思考。

而像我这样的人，也与很多人一样，根本没有什么规划，听说期货可以暴富便稀里糊涂地进入市场。就像在高温天气中来到泳池边，不管会不会游就先跳下水解暑一样，呛了水后才开始学习如何游泳。如果没有规划和目标，不知道自己应该捕捉什么级别的行情，没有主见，而现在网络又这么发达，信息传递极其迅速，那么没有独立思维的人很容易迷失在庞杂的信息中。尤其在投资交易上，这一秒看到有人靠基本面分析做长线挣了大钱就觉得基本面分析好，下一秒又听说有人靠技术分析抓住了很多波段机会就转向崇拜技术，没准明天得知某某靠做日内高频交易实现财务自由就又心生向往了。就这样左顾右盼，一会儿用这个分析方法，一会儿又换那个技术指标，沉迷于工具层面的东西无法自拔，在水里游得久了直到筋疲力尽才反应过来——自己当初为了什么才下水呢？

2.5 不能直接拿别人的系统来用

我们通过网络或培训讲座，可以很容易地学到各种各样的交易系统，不管实际上有效无效，有一点可以肯定的是，即使是赚钱的交易系统，你直接拿来用也不一定有效。因为这需要大量的实战去了解它的各种特性，需要借助深厚的交易功底来驾驭，依葫芦画瓢是根本不可行的，其中还涉及系统与人匹配度的问题。

如果把交易规则比喻成看得见的应用层，交易功底就是看不见的底层架构。没有底层架构，应用层无法运行。交易系统如同拱出地面的绿芽，而底层架构就是看不见的土壤营养，我们往往能看得见绿芽，却看不见提供营养的土壤。没有土壤，哪会有绿芽？想驾驭该交易系统，仍然需要大量实战的积累，需要积累深厚的交易内功。假设一个人有一套交易规则，他通过这个交易规则能盈利，他告诉你你就能盈利吗？看起来似乎可以，无条件地执行这个交易规则不就行了吗？你想得太简单了，还要考虑以下几个方面：

第一，这个交易规则是否在你的能力圈之内。不在你的能力圈之内，即便你知道交易规则，也很难盈利。例如炒单，老手告诉你交易规则，炒不到一秒的单子，一天几十笔进出。你适合吗？很少人适合，因为速度太快，对人的身体和反应能力要求很高，对止损的果断行为要求很高，通常要求年龄不超过 20 岁。据我所知，某机构大量面试，从大量人中选拔出符合基本条件的人，经过半年的实践，50 个人也只有 1 个人能留下，意味着绝大部分人都会被淘汰。

假设有一套以价值投资为核心思想的交易系统，无数人都在鼓吹价值投资，告诉你选择好一家优秀的企业，然后以低于合理价值的价格买入，以高出合理价值的价格卖出，你能做到吗？如何判断这家企业是否优秀？如何判断这家企业的合理价值是多少？这两点都非常艰难，需要深厚的基本功底和广泛的生活阅历，还有高瞻远瞩的眼光，以及第一时间获得该公司的信息的能力，等等，可能根本就超出你的能力圈范围，可能很多人都不具备这个能力。

所以高手告诉了你交易规则，并不意味着你就能盈利。盈利仍然是很难的，你的身体年龄和性格等都不适合炒单，或交易规则所要求的基本条件和能力，都不在你的能力圈之内，即使学会了那些交易系统也很难发挥作用。

第二，这个交易系统，在你完全没有摸透它的各种优点、缺点之前也是很难盈利的，而要摸透它的特性，则又是一个长期实战的过程。一个看似简单的交易系统，实际上背后需要深厚的交易格局才能驾驭。一个交易系统是不可能适合所有的行情或所有的品种的，肯定适合特定的行情、特定的品种，不存在普适性的交易规则。别人经过大量的实战，进而摸索出的交易系统，他很理解他的这种交易规则的特适性，对于大部分的行情走势和大部分的品种，他都可以不做，而是只等待适合他这种交易规则的特殊行情的出现，于是他就可以获得稳定的利润。并且，由于是别人直接告诉你这个交易系统，你没有经过大量的实战，故不可能对这个交易系统的缺点、优点、特性有深入的理解，所以对于不适用该系统的大部分品种，你也去做，对不适用该系统的大部分行情走势，你也去做。无论行情如何变化，例如流畅趋势陷入了震荡或震荡式趋势，或者震荡行情陷入了趋势，你都去做，结果被反复打脸，不断地亏损。

举个例子，一个人用均线系统，他也能获得盈利，于是就有人提出"均线能盈利，坚持下去，就能盈利，就看你是否能坚持"的观点。实际上是不可能的，某个人用同样的指标规则能盈利，绝大部分人用同样的指标规则会亏损。为什么别人用均线就能盈利，你用均线就亏损？这还是你对均线的缺点、优点理解浅薄，道行太浅所带来的问题。别人知道何时用均线、何时不用。例如他用基本面判断大行情来临，会用均线，吃掉大行情；判断趋势行情来临时，才选择用均线，回避掉大部分的震荡行情，所以他能盈利。而你只是闷头用均线，死守交易规则，最后肯定是频繁亏损。但是怎么判断大行情来临、趋势行情来临？这不是均线自身能解决的问题，而是需要其他方面，例如基本面、盘面分析等。而你只是了解一个规则，而没有了解规则背后的全局，没有了解该规则需要的底层支撑。别人即使告诉你均线的一个交易规则，并且告诉你，必须用基本面判断出大行情，然后才能用这个交易规则，才可以获得盈利；其实也是没意义的。因为你必须先得懂基本面才行，而基本面又是很复杂的，必须有很多年的基本面深耕和长年的实战，这就是底层架构。

这就像屠龙刀，在武林高手手中就是绝世神兵，而你没有深厚的内功，连拿起刀的力气都没有，谈何挥洒自如？而练就将神兵挥洒自如的这种内功，只能通过日日夜夜不断地扎马步、提水、练肌肉等来获得，这就是看不见的底层架构。

第三，别人告诉你这个交易系统，没有深厚的交易功底和交易修养，你很难执行它，一遇到困难，就很容易放弃。别人告诉你能盈利的交易系统，在执行交易规则的过程中，你是否能遵守纪律、坚持执行呢？肯定许多人说，我要遵守纪律、知行合一，等等，这样的誓言我们听得太多太多了，但是你发再多的誓言就能遵守吗？根本不可能，大家都有体会，为什么你无法遵守呢？是心态吗？不仅仅是心态，更重要的是交易功底薄弱和交易修养不够的问题。例如，在执行交易规则的过程中，如果另外的品种没有出现开仓信号，结果价格一路狂涨，出现了大行情；而你做的品种虽然发出了开仓信号，却迟迟不涨，你能忍住不去追那个大行情的品种吗？很难，很多人说"都怪我贪婪，干吗去追不符合自己开仓信号的品种呢"，表面上看似是贪婪，其实是交易功底不深所致。如果连续几次都去追那些大行情的品种，结果都亏损，此时你才可能会彻底接受"不是自己的钱，不能赚，能力圈之外的钱不是自己的钱"这句话，没有血的教训和优秀的总结能力、辩证能力，你是无法接受这句话的，以后还是会继续去追不符合你信号的行情的品种，这需要交易修养。

所以说，一套属于自己的、成熟的、行之有效的交易系统很难建立，需要大量的实践与摸索。如果交易是那么简单的话，古今中外百年来，也就不会有无数人前仆后继地去钻研它了。

2.6　交易流程

按时间段来划分，交易流程分为三部分：事前计划、事中执行、事后复盘。

（1）交易计划

期货交易是否需要预测的问题，见仁见智。很多人都认为预测行情对于把握交易非常重要，如果认为价格要上涨，那么会选择买入，反之会选择卖出。但是，也有人对预测嗤之以鼻，你怎么能保证预测一定是对的呢？存在争议的根本之处在于概念。如果要讨论交易需不需要预测，就务必给预测下一个定义。"预测"二字，字面意思就是对未来行情的判断，但是如果考虑到交易的话，"预测"二字应该包含更为丰富的含义。"我认为铜价会涨。"这句话的判断是涨，但没有说什么时候涨，涨到什么程度，也就是没有规定上涨的时间和空间，那么这句话就基本等同于万金油。假设铜价先行下跌了 2000 元 / 吨，但是后来又上涨了 3000 元 / 吨，那么这个预测是否正确呢？从文字上判断，当然可以认为它是正确的：因为最后铜价比预测的时候高出了 1000 元 / 吨，符合铜价上涨的预测。但这种预测在实战当中却很可能没有意义，因为 2000 元 / 吨的下跌可能经历了漫长的过程，而在这一过程当中，投资者往往由于承受不了亏损的压力，而早早斩仓出局，最后眼看着价格上涨，却失去了跟进买入的勇气，这就是"看对了方向却没挣到钱"的最好印证。因此，预测一定要有时间和空间的规定，比如，铜价将在一个月之内上涨到 65000 元 / 吨。这个预测的正确与否可以在一个月之后得到明确的答案。

回到原来的问题，期货交易需要预测吗？显然期货交易是需要预测的。以对价格趋势不敏感的短线交易者为例，他们可能在一日之内做出无数手的买入和卖出两个相反的交易指令，但当他们发出买入交易指令的时候，必然是预测价格在未来的某个时点会上涨，发出卖出交易指令的道理亦如是。只要你是理性的、想在这个市场获利的，那么当你发出指令的同时，实际上已经是在做预测了。之所以有些人认为预测不重要，是因为他们不把这种心理期望视作预测，他们可能认为只有对未来价格在一个比较长的周期内，比如说一个月甚至更长的时间的走势做出判断才叫预测。实际上，"预测"一词是不应该受到这些牵绊的。

期货市场里的人没有超凡的预见未来的能力，所谓的预测都必然是容许出错的。无论你是期货交易的高手还是菜鸟，没有任何人能保证对未来百分之百地做出准确预测，甚至也没有任何人能保证对未来百分之百地做出错误的预测，我们甚至不能计算出预测的准确率。假定可以知道我们预测的准确率，比如说预测 10 次有 7 次正确，那么交易就变得非常简单了。我们只要设定一个盈利和亏损相等的范围，比如说 500 元：当盈利达到 500 元的时候，我们出局；当亏损达到 500 元的时候，我们也出局。按照准确率 70% 来计算，如果不考虑手续费，那么 10 次交易当中，会有 7 次盈利，盈利总额是 3500 元；3 次亏损，亏损总额是 1500 元，合计盈利 2000 元。

只要预测的准确率是确定的，那么最后的盈利率也必然是确定的。假设预测的准确率是 30%，那么我们反过来做就好了，当预测上涨的时候，我们发出卖出的指令；预测下跌，则发出买入的指令。从结果上看，效果和准确率 70% 的预测是一样的，但是没有任何人可以如此信心满满地算出自己预测的准确率。所以，一般情况下，便大抵忽略掉预测准确率这个变量。

实际上，从上面的例子我们也可以看出止损和止盈的重要性，一个完整的交易，势必要有一个进场和出场的过程。无论它是一个盈利的交易还是一个亏损的交易，概莫能外。凡事预则立，不预则废。一个成功的交易（它并不一定是盈利的交易，也可能是亏损的），一定要在交易开始之前就有对整个交易的整体把握，选择在什么点位进场和出场：如果价格按照预测的方向走，那么要选择什么位置实现盈利离场；如果价格向不利的方向发展，背离了预期的方向，那么要选择在什么位置斩断离手。这些都需要在交易开始之前就有一个明确的计划。

只有做好计划，投资者才能稳定沉着，而不会乱了阵脚。对于交易者来说，稳定沉着是一个非常重要的品质。这就好比下棋，一旦乱了阵脚，那几乎必然是一个接一个地出昏着。虽然不排除由于运气的缘故下了一两手妙着，但毫无疑问，在思路混乱的时候，下昏着的次数要远远多于下妙着的次数。期货交易亦如是。在交易中，一个清醒冷静的头脑是非常宝贵的，否则心态很容易被破坏。如果要防止心态变坏，最好的办法莫过于有条不紊地做好计划，即便价格向不利方向游走，交易者也已经做好了充分的思想准备，知道如何应对。你可能在亏损斩断离场的那个瞬间，心情比较难受，但是这种难受实际上在你进入交易之前就已经预计到了。对于一个已经预计到的结果，我们的反应往往会较为理性，我们也就可以更加理性地面对下一次交易。

那么，交易计划包含哪些环节？

第一，你将在哪些市场交易。对于交易市场的选择，是要根据你的资金实力以及交易策略来决定的。比如你有 3 万元，那么你就不适合选择沪铜来交易。或者你是顺势交易者，那么就不能选择处于震荡行情的品种来交易。当然，进行这项工作的前提是，你要事先确立自己的交易策略。

第二，使用哪种分析工具。关于分析工具，也许你采用的是技术分析中的某种或是基本面分析。但无论采用哪个，你都需要明白这个分析工具的原理，并且对于它的可行性和成功概率进行过充分研究和测试后，方可运用。

第三，你进入交易的市场情况是怎样的。通过分析你要明白的是，市场现在运行状况是什么状态？是否符合你的交易条件？你对市场未来走向预期为何？面对目前的行情，其他人的想法是怎样的？

第四，预期的操作时间和绩效是怎样的。当你开始一笔交易前，你对它的未来发展要有一个时间和价格移动目标的预期，这个预期对你今后的监测至关重要。

第五，入场交易的条件是什么。入场交易的条件也即交易信号，它必须是基于牢固的、合乎逻辑的理论基础，必须清晰和唯一，不能模棱两可。并且它和分析方法一样，也要经过充分的评估和测试。你要明白成功的交易信号处于什么发展情况，失败的交易信号又是什么发展情况。

第六，如何实现交易目标。在这次交易任务中，是否打算采取加仓的方式加大交易成果？如果是的话，计划在什么情况下加仓？如果加仓失败，采取何种退出策略？是部分还是全部仓位退出交易？

第七，行情发展将会发生哪些可能。我们知道行情的发展是不确定的，所以市场未来到底有多少种可能发生，我们心里一定要有个预判。一方面，这涉及你的资金管理，如果你能够把行情发展的不确定性一直放在心里，那么你绝不会满仓操作，因为没有人能够确保意外不会发生；另一方面，多方位的预期可以减少情绪性和突发性决策交易的可能性。

第八，将承担多大风险。在期货交易里最重要的是要学会保护自己，因此任何一次交易前，都要明确在这笔交易中，将投入多少资金，能够承受多大的风险。也就是说，如果你判断失误，你所能承受的最大损失是多少。结合"正确被缩小，错误被放大"的概念，这笔亏损是否会带来非常不良的影响？

第九，退出策略是什么。退出策略包括三个方面：一个是判断失误退出策略，也即止损策略；一个是获得利润，成功完成交易后的退出策略；再一个是在一段时间内价格的变化，并没有如预期的那样移动时如何退出的策略。这里面最难的是止损策略的制定和执行，止损设立的前提是要明白在什么情况下，判断可能就错误了，所以在之前一定要明白判断工具的原理。

明确和完成了以上工作后，交易计划的制订也就基本完成了。然而，这只是一笔交易的良好开端，更重要的工作是坚决而迅速地执行所制订的这个交易计划。虽说在所有交易者当中，有的交易者从来没有制订过交易计划，但不能否认的是，太多的交易者从来没有执行过自己辛辛苦苦制订的交易计划，他们所进行的交易都是他们从来没有计划过的。

这其中的原因来自两个方面：一个是思想上的错误认识，另一个是缺乏自律精神。一直以来，很多交易者都把盈利与否作为衡量交易成功与失败的标准，正是这个错误观念使得人们的行为偏离了正轨。衡量交易成功与否不该用资金盈利与否来界定。而要用是否执行了自己的计划、是否控制了风险来界定，如果一笔交易你能够按照计划执行，那么这笔交易即使是亏损出局，也是成功的交易。

（2）交易执行

做交易重要的是什么？每个人的答案都不一样，有的说是心态，有的说是资金管理，真正的答案谁也无法定论。但是，执行力的重要性，是投资者需要重点关注的。无论你的分析多么准确，你的交易系统多么完善，或者你的资金管理能力有多强，没有执行力，你还是无法成为一个成功的交易者。

执行力的影响因素有很多，对交易系统的信心、个人性格，以及周边噪声的影响等。比如，趋势型的交易者遇到了长期的回撤，账户胜率开始降低，开始不停地亏损。于是，当连续亏损次数达到一定数量的时候，开始犹豫，开始减少仓位，或者干脆不做，结果事后发现这次交易恰好是一次可以实现大幅度盈利的交易。或者是本来经过一系列分析，持有某品种的多单，却被网上各种各样的利空消息，或者周边的同事、朋友的思路所影响，放弃了自己的看法，没有坚持下去，最后本来可以盈利的单子变成了亏损。

从本质上说，这些情况的发生就是因为无法战胜贪婪与恐惧。市场无时无刻不诱惑着投资者，每下一笔单子，总会出现更有利于你的价位；每次止损之后，也会出现更优的出场价格。而追求完美，恰好是人类的一个天性，所以，贪婪与恐惧开始支配投资者的大脑，执行力不强的投资者开始在交易之前畏首畏尾，变得犹豫不决。于是，执行力彻底被遗忘，投资者迷失在追求完美交易的路上。

而要避免这种情况，需要解决一些问题：

第一，不追求完美的交易。交易都是有缺陷的，不要追求最低点买入、最高点卖出。能在每一波类似走势的行情中拿到属于你的部分，就是成功的。了解了这一部分，市场的随机波动对你的影响就会变小很多，你可以专注属于你的盈利部分，不去关注那些利润更大而你却无法把握的机会，下单会更果断。比如，你的交易方法是把握趋势性的机会，那就不要期待能买在最低点、卖在最高点，你只需要在行情筑底完成、开始启动的时候进入，在行情冲高回落到一定位置卖出。那么，只要趋势够大，你的利润依然可观，剩下的那部分利润，是抄底摸顶交易方法的利润部分。市场是公平的，即使他们真的拿到了比你更多的利润，他们抄底摸顶所面临的风险也必然要大你很多。所以，你只需要果断地执行你的方法，拿到属于你的利润，执行你的风险控制计划。从一个长周期来看，实现盈利的可能性就非常大。

第二，相信自己的交易系统。世上没有百分之百胜率的交易系统。如果你有一个经过了考验，并且你坚信是一个可以实现盈利的交易系统，那么，你就要按照系统的信号来做。比如，你经过基本面的分析，得出了棉花要涨的结论，你的系统给出了入场做多的信号，但是，周边的噪声很大，有的说棉花会出现更好的入场位置，有的说棉花面临技术上的压力位，等等。即便这些说法都是对的，但对于你来说，这些都是噪声，即使进场位置不好，你最终也会拿到属于你的利润。所以，交易系统发出了进出场的信号，你应该果断入场和离场，不要心存侥幸期望出现更好的位置。因为对于一个正 EV 的交易系统，从长周期来看，你每次违背系统所付出的代价，要比你按照系统交易付出的代价多得多。

第三，坚持是交易的必备品质。在面对困境的时候，人的本能是寻找更优的方法来适应环境，但是这不适用于交易。有很多交易员，在趋势跟踪系统开始亏损、资金开始回撤的时候，会开始寻求改变来避免损失，于是开始研究震荡系统，尤其是在带来一定的收益后，他会在震荡与趋势之间不停变化，以求自己的系统可以适应当前的环境。这看起来是对的，听起来也很有道理。但是，他忽略了一个本质，那就是一个成熟的交易系统也会有缺陷，亏损在所难免，要尽量在亏损时少亏，而不是随便修改交易系统。即使你成功地改变了一两次并且获利，但是从长远来看，你必然会迷失，迷失在对胜利的贪婪上。

随意改变系统，也是执行力不够强的一个表现。这一点在程序化交易领域体现得最为明显。程序化交易在国内发展越来越快，但是，盈利的人数依然符合"二八定律"，这是为什么？有些资金曲线非常漂亮的著名投资顾问，他们所采用的模型甚至还不如普通投资者编写的模型效果好，但是他们实现了盈利，普通投资者却在亏损，这其中最本质的原因，就在于坚持。当然，这里不是说交易不需要改变，你当然需要根据行情、品种特性，以及个人性格的变化不停地优化你的系统，使它与你越来越融合，变得越来越完善。假如，你有一个非常好的交易方法，你十分相信它，并且你知道，你坚持下去可以实现稳定盈利；但是，如果你的这套方法，在开仓、平仓的时候，会让你产生惶恐、纠结的情绪，那么，这套方法就与你的性格不符。你让一个性格冲动的人，采用尾盘最后一分钟确认信号下单，这对他就是一种煎熬。执行力是策略存在的根本，也是成功的基础。就像是行军作战，无论你的战士多么勇敢，你的战术多么到位，执行不了，终归是空谈。

（3）交易复盘

复盘是围棋高手们的习惯，在对局完毕后，复演该盘棋的记录，以检查对局中着法的优劣与得失关键。在之前柯洁和

AlphaGo（阿尔法狗）的对弈中，我们人类棋手团队在比赛结束后迅速进行复盘，试图找出双方攻守的漏洞。复盘就是把当时"走"的每一子重复一遍。这样可以对双方的心理活动有一个比较全面的把握，是提高自己水平的好方法。而"复盘"这个概念并不仅仅存在于围棋界，作为一名投资者，在市场上待得久了，就不难发现交易的各个部分皆是相关的。所以很多时候你做一件事情，其作用并不仅仅针对这个事情本身，对于其他方面还会有一定辐射性的影响。

总的来说，通过复盘，我们不仅可以检验交易方法的有效性，也可以对交易过程中突发的灵感进行验证，同时，交易者自己所设计的交易系统是否靠谱在复盘过程中也将得到验证。在检验的过程中，如果说我们觉得这个方法并不是很理想，但是有可取之处，那我们自然而然地就会去想那些不理想的是怎么回事，而那些可取之处又是哪些方面，进而我们就会对方法做出改进。所以，在复盘的时候，会自然而然地有很多想法、灵感，甚至会有很多创造性的东西诞生。而我们经过不断复盘，会不断发现和完善交易中正确的行为，自然而然就会形成对这个方法的信念，同时，对未来的执行也能够起到很好的铺垫作用。所以从这个意义上来讲，"复盘"的作用就是全方位的。

一定要有复盘的习惯，并且要站在自己的交易系统的角度复盘。如果你每天打开盘面只是关注涨跌，那就没有任何意义可言。那什么是有意义的事呢？就是用自己的交易系统的思维去解读市场，看现在整个市场的行情是什么趋势；在这个趋势中又是怎样的运行状态；在这个运行状态中，你应该做些什么，后面又该等待什么，是买进还是卖出。只有养成这样的看盘习惯，你的复盘才会有意义，否则，你看再多的盘面都是在做无用功。在这里，有两个词要提一下，一个是"自发"，一个是"自觉"。前者是说我们受到天生的一些冲动的影响，或者说我们自然而然地去做很多事情。例如，我们走在路上被人撞了一下，对方没有道歉就会很生气、很窝火，又或者吃饭的时候，你觉得这个东西好吃或不好吃，等等，这些都是自发的。在整个过程中，没有任何自己主动性的东西，都是被动地去接受外界的环境，并在这个被动的接受过程中自然而然地做出反应，这就是一个刺激反应的自然过程。而后者则是我们注意到一件事情，主动觉醒去进行判断并采取行动措施，这就是"自觉"。

对于大多数的人来说，我们在生活中的大部分事情都是自发完成的，因为这样我们的大脑就不用去想很多复杂的东西。但是有一些重要的事情，还是需要我们去自觉完成。例如，自己主动去学习，而不是被动地学习。然而，这种自觉的注意力和精力总是有限的，因此，我们就要将这种自觉的注意力放在重要的事情上。对于交易者而言，交易能力的提升当然就是最重要的事情了。所以，当我们看盘的时候，就不应该是一种自发的状态，而应是一种自觉的状态，不为行情涨落而悲喜，理性判读行情是什么样的，以及后续该如何应对。

复盘要看各个方面，但其中最重要的有两个。一是如果你要检验一个方法或检验一个灵感，那你就要将鼠标放到最后一根K线上，然后让K线逐步向前走，随着市场图形的逐渐出现，你也要时时地做出判断。在此过程中，如果过于关注后面的走势，就会被市场的大涨或大跌所吸引，而这是一个自发的过程，那么行情波动背后的细节就容易被忽略了。所以，这也是为什么很多时候我们复盘时看一个方法觉得很好，但做实盘的时候却亏了一笔又一笔钱的原因。在做实盘的时候，K线是一根一根往后走的，但复盘的时候是已经了解了整个K线的走势，当然是不一样的。二是对交易系统做复盘，因为交易系统是完全量化的，进出场点也是完全明确的，那么这就不存在看得到或看不到的问题了。在这种情况下，就能够将那些进出场点标记出来，把包括进场时间、进场价位、进场方向、出场情况、盈亏情况等记录下来。在此过程中，为了严谨起见，逐根K线往前走自然是最好的。

有一句老话说得好，"板凳要坐十年冷，文章不写一句空"。意思就是做学问的人要耐下心来坐十年冷板凳，毫无怨言。复盘，也是同样的道理，它是一个不断练习的过程。复盘包括四个阶段：回顾、反思、探究、提升。即回顾目标和过程，反思原因，探究规律，提升能力。前三个阶段是复盘的过程，后一个阶段是复盘的结果。

（1）回顾

对当天的走势进行一次回顾和总结，从中发现问题和蛛丝马迹，并据此确立自己在第二天或者是以后一段时间内的操作方法。包括但不限于以下几点：

a. 将所有内盘的品种主力合约认真浏览一遍，分析它们目前的状态，处在什么样的位置；

b. 观察是否有符合自己交易机会的品种；

c. 回顾最近的行情，查看是否有遗漏的机会及探明原因；

d. 关注自己持仓品种的走势；

e. 浏览国内外重大新闻；

f. 其他。

（2）反思

通过不同的角度对事实予以分析，分清现象与原因。第一步是描述现象，第二步是分类找问题，明确原因。反思错误行为，比如亏损后为了扳回损失加仓了，没有严格止损，在不该做的地方做得多了，等等，这些错误要一一列出来。而正确的行为，比如说在趋势来的时候顺势执行得坚决，在危险的地方止损得坚决，等等，也要一一列出来。将错误的行为和正确的行为都按一二三四列好，时间长了你就会发现交易的小窍门，以及真正能够让自己产生稳定盈利的正确行为到底是哪些。

但要注意，不要重复做毫无意义的反思。在刚开始学习期货的那几年，我常常因为错失机会而后悔或是因为做错割肉而懊恼，于是在总结反思的时候根据某次交易经验便总结出"要适当冒险，放大止损，这样在趋势中就不会被回调吓跑了"，或者"当价格朝不利于自己的方向运动时，先忍一忍，不着急止损"，等等，现在看来，类似这样的反思都是没有意义的。初学者最容易犯的错误之一就是以某单一事件为典型，得出一个狭隘的结论后将其应用于自己以后所有的交易中，可当下一次市场发生变化后，竟然又归纳出了与之前完全相反的结论。举例来说，当某次豆粕价格向上突破长期震荡区间，一路走高时，投资者得出了"只要突破就要勇于加仓"的结论；可下次同样是突破长期震荡区间，价格不但没有持续走高，反而出现反复震荡，甚至回调的迹象，勇于加仓的人受到了沉重的打击，得出"即便是突破，也要小心加仓"的结论，那么以后呢？可以想象得到，当下次出现价格突破震荡区间并一路走高时，这名投资者不会加仓，将在错失的行情中懊恼不已。就这样不断反思，重复犯错，错过的依旧错过，做错的仍在做错。

（3）探究

我们要剖析错误是什么原因造成的，有可能是这个时段的行情和你的手法不匹配，也有可能是浮盈回撤引发的一系列心态上的变化。大赚又是因为什么，是因为行情顺畅还是因为交易节奏控制得好？抑或是二者兼有？分析大错和大对以剖析自身的行为正确与否为主，同时大错和大对往往对应着无效和高效行情。

判断某笔交易的好坏，不能单以结果论成败，还要重点关注操作的过程。大部分人每周都在操作，到底一次操作是正确的还是错误的，该以什么样的标准去判断，是我们经常遇到的问题。在平常的操作中，有时候随便的一次买卖，结果当日稀里糊涂就大赚了，然后就认为这种交易方式是正确、可盈利的。可是下一次凭着这次成功操作的类似感觉进行交易，结果却遭遇大亏，前面一次小小的成功反而导致后面更大的失败。

为什么同样的思路，同样的操作，这次赚钱下次就大亏？为什么上次的错误选择这次又变成最正确、最好的操作？这就是因为我们在投资中总是"唯结果论"，没有认真剖析导致赚钱操作的过程和内因，把很多单纯靠运气的操作当成了自己成功的经验，这样继续操作又怎能不亏呢？所以，判断一次操作的成败，不应该单纯地以盈亏为标准，而是要看这次操作是否坚持了自己的理念和计划。如果不是我的理念模式问题，而是因为不可预知的和运气的因素，导致亏损；那么即使这次结果不好，下一次我一样要坚持同样的操作，因为这就是我的理念：我可以因为理念和水平的不足而亏损，但是不能因为违背理念和计划的操作而赔钱。

在看结果的同时，深入地把握结果产生的原因，这样才能让我们打破惯性思维，培养正确独立的投资思路。永远在别人的后面跟随，你就难以取得真正的成功，因为太多的人总用惯性思维，总是习惯于大众化的、散户化的思路。而要培养自己的独立思维就必须认真地对待每一次操作，深入地把握每次操作结果产生的原因，这样才能在不同的环境下灵活运用，这样才能先人一步，提前发现机会和风险。

（4）提升

在不断地总结之后，你就能渐渐地洞悉一个问题的本质。在交易中，不会再犯同样的错误，在一个坑里不会跌倒两次了。在面向个人的复盘过程中，对于自己经历过的事件定期总结，就相当于在不断进行"沙盘模拟"，慢慢地就会形成一些思考框架和行为习惯，在决策时就会变得更加系统、更加全面，会不自觉地绕开曾经走过的弯路以及掉过的坑，这不就是所谓的经验吗？而当经验有了时间的加持，我们就会形成一些超越某个时间、超越具体事件的"认知—思考—决策"能力，那就是宝贵的人生智慧。

复盘的核心目的在于从行动中吸取经验教训，并将其付诸后续的改进，那么从这一过程中学到了什么新东西呢？如果有人进行同样的行动，你会给出什么建议？接下来做什么？哪些是可以直接行动的？哪些是需要相关的条件或资源才能进行的？

在复盘过程中，需要把握重点、定期回顾、形成习惯。能够通过复盘总结现在的得失，并不断提升自我，才能够变得更加卓越。以上就是复盘的过程，其实并没有什么隐秘的地方，复盘就是一个下苦功夫的过程。

2.7　练习使用交易系统

　　交易是一项技能，交易系统是使用工具，要想掌握，仅仅靠研究理论是行不通的，只有经过长期大量的练习才能熟练掌握它。一个整天研究各种交易理论而缺乏交易实践的人，就如同一个整天阅读游泳教程却不敢下水的人。与交易相关的著作何止千万，但绝大多数都与真实的交易相去甚远。有很多书籍表面上好像是在讲交易，经常还会搞出一些极其复杂甚至神秘莫测的理论来，但是却从来没有涉及真实的交易细节，仅仅是在纸上谈兵。有些书籍会告诉你一大堆不同类型的进场点和出场点，至于有用没用你就自己看着办吧。正是由于受到各种各样的误导，以至于我们很多人历经多年的磨难都难以掌握真实的交易技巧。

　　我现在还清楚地记得大学选修课学习游泳的经历。老师只不过花了几分钟时间告诉我们基本的游泳动作，其他时间都是自己在游泳池中练习，但是半个学期结束后，所有人都学会了游泳。其实交易也可以这样，只要有人教你一套简单可行的交易方法，再通过大量的练习，任何人都能顺利地掌握交易技巧。

　　学习游泳，一是练习手的动作，二是练习腿和脚的动作，三是练习呼吸的技巧，四是练习全身的配合。只要依次完成这四项训练，就能顺利学会游泳。与游泳类似，交易也需要反复练习下面几项技术：一、练习持续保持放松和专注的能力；二、练习快速识别交易的机会；三、练习进场技术；四、练习出场技术。如果资金量很大的话，那么还必须再加一项技术：练习加仓和减仓技术。

（1）练习持续保持放松和专注的能力

这一项看起来好像和交易关系不大，但实际上却是最重要、最难学的交易技术。如果你做过真实的交易，你就会知道一个交易员每天在心理上承受了多么巨大的压力。如果不懂得心理调节技术，那么交易必定会做得一塌糊涂，就算其他技术掌握得再好也没用。如果你不够放松，那么你必定会感到紧张，而紧张会让呼吸急促、身体僵硬、思维僵化，最后精疲力竭，在这种状态下，交易动作会完全变形，根本无法正常发挥，即使看到了机会和危险，你也无法动弹；如果你不够专注，那么你根本就看不到机会和危险在何处，更不要说抓住机会、回避风险。

道理虽然很简单，但实行起来却非常困难，因为其中的度很不好把握。放松过了头就很容易变成松懈，放松不够又容易变成紧张。至于专注就更难了，如果市场有源源不断的机会出现，你想不专注都不行，但问题是市场大部分时间都是没有机会的，而人的大脑天生就惧怕真空，如果无事可做，你就会拼命地想找事做，这样必定会在不知不觉中让你的注意力远离市场。

因此，要想学会持续保持放松和专注的技巧，非得经历很长时间的心理磨炼才能做到。这种训练很类似佛教徒练习静坐入定，静坐也要求你长时间保持放松，同时脑子里不能有任何杂念，还不能让自己睡着，否则就变成睡觉而不是入定了。如果没有学过静坐，你不妨静坐一段时间试试，试过以后你就会知道学习静坐究竟有多难。

当你持续保持放松和专注时，你会自然而然地进入一种流动状态，你会体验到完全的自信和发自内心的愉悦，时间的概念也会完全消失，进入流动状态就好比静坐已经入定一样。其实我们每个人都体验过流动状态，尤其是在玩电脑游戏的时候最为明显。当你玩一个你非常喜欢的游戏时，你就会不知不觉地进入流动状态，根本不会感觉紧张和疲劳，你的注意力会完全集中在游戏上，时间会过得飞快。做交易偶尔进入流动状态也不难，但困难的是每天都保持这种状态。也许今天突然找到了状态，可是一觉睡醒后，便又找不到状态了，这时你很希望再次进入那种状态，但是希望越大失望也越大，你越想进入状态就越是进不了状态。所以，找到一种快速进入流动状态的方法非常重要。学习静坐有一种速成法，就是反复练习快速入定和出定，入定以后马上出定，出定以后又马上入定，直到你找到快速入定的窍门，这比每天长时间的静坐不动要有效得多。所以我们也可以用同样的方法来掌握快速进入流动状态的技巧，进入状态以后马上停止看盘，出去走一圈，再回来让自己快速进入状态。通过反复地练习，必定能更快掌握进入流动状态的技巧。

（2）练习快速识别交易的机会

识别机会是抓住机会的前提。快速识别交易机会并不容易。首先你必须依据自己的交易系统，认清当前的市场状态究竟是呈趋势还是处于震荡期。如果呈趋势，那么趋势的强度又如何，这样就能大致判断出有没有机会及机会的大小。然后要在自己定义的时间框架上去寻找满足自己要求的获利模式。只需任选其中一种模式就够了，千万不要用多种模式，贪多的结果将是什么机会都抓不住。

（3）练习进场技术

具体来说，就是寻找进场时机。对时机的把握可谓是一门艺术，但也有规则可循。进场时机是否准确会在很大程度上决定交易的结果，过早进场你可能会被迫止损，造成惨重的亏损；过晚进场你的利润空间会变得非常有限，同时持仓风险也会增大很多。所以练习进场技术，主要就是在发现了交易机会后，能有效地执行，不因贪婪而过早入场，也不因恐惧而迟迟不动。练习进场技术还包括一些比较初级的问题，比如输入品种代码、买入的价格和数量，等等。

（4）练习出场技术

关于出场有很多种办法，但是基于让利润奔腾的出场原则，最理想的办法是利用移动止损来出场。难点就在于移动止损的设置，和进场时机的把握一样，这也是一门艺术，但也有规则可循。移动止损不能移动得过快或者过慢，移动过快容易导致过早离场，移动过慢又会损失很多利润。一般来说，可以根据价格运行的速度来设置移动止损，价格运行速度慢，止损位的移动也要慢；价格运行速度快，止损位的移动相应也要加快。至于具体放在什么地方，则需要根据实际情况而定。

交易的内容虽然很简单，但是真正掌握它却非常困难。成功最重要的是经验，只有大量地练习才能掌握交易技巧。

第 **3** 章

期货交易理念

3.1 投资交易是科学还是艺术

一段时间以来，无论是投资书籍还是舆论宣传，经常会把投资大师与艺术联系在一起。20世纪20年代美国华尔街的传奇人物杰西·利弗摩尔在他的《股票大作手回忆录》中就提到自己有一种连自己都解释不了的直觉，很多次当市场涨势如虹，所有分析方法都看不到任何下跌迹象时，他内心都出现过强烈的不安。从理性的角度出发，他选择过继续持仓，有些时候也会遵从直觉选择平仓，但从事后结果来看，大多数情况下他的直觉都是对的。不仅是平仓环节，利弗摩尔在开仓时也出现过类似直觉，他不知道为什么要做空某只股票，但他说"我必须这么做"，这在他投资生涯初期屡试不爽。类似以上的事迹很容易误导初学者，使他们认为直觉或者说盘感是一个很重要的东西，不但可以抓住某些特殊行情大赚一笔，在股市下跌之前还能规避灭顶之灾，这种艺术性的创造是大师所具备的。然而，虽然说大师身上有艺术性的元素，但并不等于你有艺术性元素就能成为大师，对于除了顶尖的那一部分人以外的大部分人来说，可能艺术性只不过是个人主观的幻想和臆测而已。

所以，从投资方法来看，投资交易应当首先是一门科学。杰西·利弗摩尔之所以有后来精准的盘感，是因为他在很早期的时候就用科学的方法找到了某种市场价格波动的规律，他在行动时有自己的一套逻辑。但在不了解缘由的外人看来，这种独特的、不被常人所理解的思维和行动恰好又有所成就，他们看不明白或者说看明白了也做不到，索性就把它归类为艺术了。但站在投资者自身的角度来说，他的投资方法是包含了市场分析、交易执行、资金管理等多个因子构成的逻辑闭环体系，所以投资对于他来讲首先一定是门严谨的科学。

当你跨过了期货基础的门槛，具备了科学的分析方法和交易系统时，期货投资才进入了艺术的层次。谈及投资，必须论及巴菲特和索罗斯，巴菲特崇尚价值投资，几十年历尽风雨而痴心不改，终成一代大师；索罗斯总在寻找市场的缺陷，更多的时候是从一位思想家的角度看待市场，《商业周刊》尊称他为"撼动市场的人"。两位大师招式迥异，但都大获成功，说到底，都是以自己的世界观和方法论从事投资活动。期货投资是很难模仿的，模仿者失败的故事屡屡发生。我曾见过兄弟两人，哥哥是一位日内短线高手，每年都大有收获，就连为这位短线高手报单的报单员都爆仓了好几个。弟弟见哥哥赚钱如此之快，也加入其中，结果不到一年便大败而归。诚如一家优秀的企业一定有其特有的企业文化，一个优秀的投资者也有他鲜明的交易思想，这就需要我辈能跳出期货，认识市场，认识自己，确立自己的角色认知。

期货投资最终是一门个人思想与市场交流的艺术。期货投资从分析市场到确立投资方案，从来就没有一个肯定的东西。无论是基本面分析方法还是技术分析方法，无论是艾略特还是江恩，都只能分析市场变化的一种概率。每一种方法都有它的长处和短处，完全准确预测市场的方法以前不存在，以后也永远不会找到。美国长期资产管理公司拥有两位以期权定价而获得诺贝尔奖的经济学家，最终还是被迫寻求政府保护，再精确的计算也是建立在一定环境不变的假设之下，但是环境本身也是一个变量。期货分析就是要在不确定的市场中寻找大概率的事件，在众多的影响因素中抓住关键的变量，分析市场的过程就是投资者以自己的思想、视角与市场交流的过程，交流的结果决定了投资者如何决策以及决策的效果。

认识自我，包容自我，确立角色认知，是成为一个成熟投资者的关键。期货投资有着太多的诱惑和假象，置身其中是很容易迷失自我的。大凡有关投资的教科书都讲，要做好期货必须战胜自己，克服缺点。但战胜自己谈何容易！俗话讲，"江山易改，本性难移"，大多数人在同样的错误上总是一犯再犯，无非是犯的程度不同而已。要成为一个成熟的投资者，更多的时候是要包容自己的缺点，寻找适合自己的投资方法。期货投资方法众多，流派纷呈，各有千秋，只有适合自己的才是最好的，也只有坚持自己的交易系统才能获得稳定的成功。成熟的投资者须坚定信心、持之以恒，切勿得陇望蜀、摇摆不定。

3.2　交易知多少

在期货市场中，没有章法的交易基本等同于胡闹。在大部分情况下，期货交易并不仅仅是跟市场对战，同时还在跟自己的情绪和心理作战。在进入市场之前，首先必须针对自己实施心理建设，这是因为要在自己冷静的时候，明确地为自己设置一些限制，这些限制包含交易上限、时间的运用、获利时的策略、失利时的策略以及一些自我的限制。唯有在头脑冷静的时候，才能充分主宰自己的命运，尽量避免在慌忙之中任意行事。

（1）情商

除了知识，交易能否成功，在某种程度上还与个人的性格、修养有关，就是不仅要有高智商，还要有高情商。破解交易密码，掌握相关知识，理解现成的研究成果，这些和智商水平有关；而交易更直接地涉及金钱利益的得失，要从容面对金钱的得失需要一流的情商，情商则是能通过后天培养提高的。

普通交易者难免具有如下特征：急躁易怒、过度紧张、患得患失、没有节制、意志不坚、不听劝告、得意忘形等。乍看之下顿觉芸芸众生有的缺点，普通交易者几乎全有。换言之，未经改造之人根本不适合跻身带有投资性质的交易行列。平凡之人怎会是市场的对手？

　　天赋异禀的交易者，要有政治家的眼界——以收益率统领全局；银行家的头脑——必须有收益才投资；经济学家的理论——懂得资金的管理和发挥资金的最大效益；投资家的耐心——等待收益率为正的时刻；军事家的胆魄和决断——机会来临，该出手时就出手。

　　由于交易者总是一个个现实的人，在和市场的较量中，除了市场规则之外，交易者和市场之间还存在着优劣势对比。交易者要懂得掌握优势、避开劣势。先谈什么是交易者的优势：

　　a.市场全天二十四小时营业，全年不休；交易者则比较自由，进场、出场较方便。市场的确不能也不需要因为交易者获利而关闭市场。

　　b.交易者有选择性，也能调整交易的力度，更可以退出交易。

　　而对于交易者的劣势，我们也得学习去认知和处理：

　　a.市场的容量无限，交易者的资金却有限；

　　b.市场没有情绪，交易者却有情绪，有时难以控制；

　　c.市场是一个有机运作的组织，交易者却多是单打独斗。

　　收益率优势是交易中最大的、起决定性作用的优势，脱离收益率优势来谈论交易技巧都不过是无本之木、无源之水。只要我们有耐心，遵循战胜市场的正收益率原则，冷静地配合交易心法，充分地掌握交易者的优势，让市场的优势无法得逞，就很可能获得巨大收益。

平常心是贪婪心的克星。交易者难过贪婪关，如果不是心存贪念，又怎会卷入这场让人身心备受折磨的交易？"贪"字是由"今"和"贝"二字组成的，我将其解释为急功近利。"婪"字是由"林"与"女"二字组成的，我将其解释为女人如林，欲海无边。为什么新手往往获利？因为新手上场只为好奇、好玩，没有患得患失之心，在贪念还没有滋长之前，不会迷失；因为初次获利的惊喜早已让他喜出望外，找地方回味那捡钱般的意外惊喜已经是当务之急。

懂得放弃，才会拥有原先属于你的事物，"贪"字和"贫"字的字形相近，一夜暴富的贪心会导致交易过度。市场是不分昼夜，且全年无休的。故交易者必须心平气和，从容面对，合理安排进场与出场的时间，不争一日之长短，保持精神饱满，士气才会旺盛。财富总是随着气势而行，况且只有清醒的头脑，才能做出正确的判断。所以要成为赢家，首先得有一颗平常心。

交易与其他事业的成功法则不尽相同。在许多领域中，"追求卓越""拼搏进取""只争朝夕"是跨入成功门槛的必备素质。但在交易活动中，也许"甘于平淡""见好就收""天长地久"才是造就成功者的金科玉律。在其他事业的追求中，或许是"取乎其上，仅得其中"，但在交易时，恰恰是"取乎其中，适得其上"。

没有交易者是百战百胜的。要知道市场上有太多不确定的因素，交易者要学会审时度势，根据趋势变化适时休息。在市场风头正盛时，要严于自制，绝不轻易火中取栗，绝不贪心"刀口舔血"；应懂得回避并善于回避，不硬拼，要提醒自己，随时可以停住是我们的一大优势。"善于回避"是一种境界，只有在懂得并善于回避之后，才能在市场中长期立足。

当你走进市场，获利和失利的幅度，要继续还是要停止，全在你自己。因此，如何适时有度地把握好自己的"期望值"，就成为至关重要的课题。能多获利时，绝不手软；出现反复时，期望值则应降低，见好就收才是常胜将军。所以，因时、因机、因情、因势地调整自己的期望值，才有希望，才有胜率。

交易时你很容易就会受到自己的情绪和心理影响，最常见的就是获利和失利的"诱惑"。获利激发你想获得更多的贪心，失利唤起你不顾一切要把它捞回来的报复心。很多不懂得应付"诱惑"的交易者，都是因为贪念导致败北而回。于是，懂得控制时间就成为交易的重点技巧，这包括懂得获利时该什么时候退出，失利时该什么时候离场。因此，你必须为克服自己"人性的弱点"准备一套应对措施。这就是交易前预设获利和失利的上限，绝不能因为希望赢取更多的金钱或讨回失去的金钱而超越这个上限，这样，才有机会获得胜利。这些说起来都相当容易，但却是普通交易者无法做到的。讨回失去的金钱的"诱惑"往往令人理智尽失。于是，设定一个失利的上限，为的是希望你在失败的时候，留下一个容许自己反思错误的空间。最后，不妨细想一下，上回你失去大笔金钱的时候，是不是因为无法控制来自心中的"诱惑"？

如果运气不好，一进市场就受到打击，则应耐心等待时间过去，寻求在另一场博弈中重新开始。在获利之后的交易过程中，如果最新交易遭遇失败，就应毫不犹豫地结束，微笑离场。绝不可动用已装入口袋的原始交易额，这就是获利后不失利的策略。损失下限不要超过本金的 50%，如果超过了一半，不管是什么原因造成的，还是马上离场为好。

在交易中获利后离开还比较容易，失利要走就比较困难了，这是多数交易者的一个弱点。在此，必须提到 2002 年诺贝尔经济学奖获得者美国普林斯顿大学的以色列籍教授卡尼曼的研究成果。卡尼曼"把心理学研究和经济学研究有效地结合，从而解释了在不确定条件下如何决策"。卡尼曼把心理学运用到现代经济学最成功的方面是预期理论。卡尼曼认为，在可以计算的大多数情况下，人们对所损失的东西的价值估计高出得到相同东西的价值的两倍。人们的视角不同，其决策与判断是存在"偏差"的。

卡尼曼与特韦尔斯基（合作者）的研究表明，人在不确定条件下的决策，好像不是取决于结果本身而是结果与设想的差距。也就是说，人们在决策时，总是会以自己的视角或参考标准来衡量，以此来决定决策的取舍。比如交易者投资了 3000 美元，当他获利了 100 美元时，这时要求他离开可能没什么；但如果是失利了 100 美元，这时要求他离开可能就很难。虽然获利 100 美元时身上的现金为 3100 美元，失利 100 美元时身上的现金为 2900

美元，3100 美元和 2900 美元相差约 6.9%，但这两种情况下给交易者的感觉和 3100 美元、2900 美元并没有多大关系，而是和它们与本金 3000 美元之差 100 美元、–100 美元，也即获利 100 美元还是失利 100 美元有关，即人们对财富的变化十分敏感。

而且一旦超过某个"参照点"，对同样数量的损失和盈利，人们的感受是相当不同的。在这个"参照点"附近，一定数量的损失所引起的价值损害（负效用）要大于同样数量的盈利所带来的价值满足。简单地说，就是失利了 100 元所带来的不愉快感受要比获利了 100 元所带来的愉悦感受强烈得多。以后在失利需要回避但又犹豫不决时，卡尼曼的预期理论也许能帮助我们更好地决策。

每当机会来临获利后，应将作为本钱的原始资本额收入口袋，用赚来的钱作为最新资本额，继续交易；同样，当机会再次来临时，如果再次赚得另一个资本额，此时应提一个资本额拨入口袋算是初步获利，剩下的成为最新资本额；这样阶梯式地向上发展。当然，每一位交易者设定的获利满足点不一样，因此，在赚的阶段中，可以随时喊停，获利出场。经常有这样的情况，某一天，赚的钱到了一个最高点之后，就很难再往上升，这时应考虑今天是否就到此为止；特别是，在出现了最高点之后，就开始往下掉，如果出现了最高利润失去一半的情况，我们应该守住这还剩下的一半利润。获利，不管多少，总是令人愉快的，这就是获利的策略。

现代市场对交易者的心理有相当深刻的研究。毫无例外，在失利的时候，交易者或多或少，时间或长或短地会表现出种种非理性。这时，为了达到战胜市场的目的，你必须明了交易中的主宰是收益率，坚决克服由于资金有限而产生的不良交易心理和行为，认清自己与生俱来的特征，它可以引导你突破种种局限，超越市场里旧有的不由自主的自我，重塑一个全新自由的自我。

（2）交易的规则

有很多久经沙场的人总结出交易中的一些心得，反映了良好的交易心态和心理，对建立良好的交易心理素质有一定的参考价值。其中一种言简意赅的交易心法是五个字：忍、等、稳、狠、滚。

忍，就是要有忍耐能力。要做到无优势不交易，无信心不交易，无运气不交易，要记着忍，在忍无可忍时，再忍一忍，把熊市风头很盛的时候忍过去。

等，就是要等有信心的时候。信心来自对收益率的准确了解，经验可以帮你分析，冷静的情绪可以帮你做决定，思绪凌乱时最不适宜交易。等到收益率大于 0 的时刻，就可以了，所以一定要等、等、等，等待我们占优、风头很盛的时候到来。

稳，就是要安稳、稳定，不随便交易，掌握好交易的节奏。这样可以保留住本钱实力，风口来时可以大力出击，作为翻本之用，道理是一万赚一千要比一千赚一千容易得多。

狠，就是交易要够狠。收益率为正时交易要狠，收益率为正而又连续获利时交易要更狠，不要错过好机会，因为交易不可能每次都获利，亦不会每次都失利，所以一定要把握时机，有条件时就一定要狠。

滚，就是获利要做到及时离开，失利要记得离开，留得青山在，不怕没柴烧。在适当的时候一定要走，下次再来，做到随时可以抽身离开的地步。

交易八大规则：

a.输不起。如果交易失利后会感到不安或严重影响到情绪，就不要入场，因为交易总会有输赢。

b.不懂的东西不交易。知己知彼，百战百胜，虽然交易不可能百胜，但要百战就必须了解对手。

c.别相信直觉，任何交易形式都已用数学公式精密地计算过，投资者不占优。所以长期参与的话，是绝不可以凭灵感获胜的，收益率大于0是交易心理学、资金的管理和资金的效率等有效应用的前提。

d.长策略、短运气。交易一次靠运气，但从数学计算来看也是市场占优；如果你打算长期作战的话，必须先知道正确的策略，否则只能黯然离场。

e.熟记制胜口诀。交易讲究策略和资金的运用，获利固然要走，失利也要懂得走，时间控制也是取胜之道，制胜的口诀是：忍、等、稳、狠、滚。

f. 永远当交易是娱乐。交易的动机应该是娱乐，尽量减低交易过程中的压力，不管是获利还是失利，始终以平和的心态对待交易的结果，保持头脑清醒，以免做出冲动的决策。

g. 世上没有系统能够打败概率论。世上没有一种方法可以打败纯概率的交易，短期交易可以靠运气，长远来说是不可能抵挡概率的侵蚀，收益率说明了一切。

h. 没胆量，不可能在市场中生存。有很多朋友交易时都抱着这样一种心态，获利就缩、失利就冲，这样只会失去更多；如果没有胆量，你根本就不应该进场；收益率大于 0 是所有交易的依据。只有在这种情况下应该没胆量，就是在收益率小于 0 时，要连进场的胆量都没有。

交易是有风险的，因此，仅仅知道交易的正确策略还不够，还有一些资金方面的问题要解决：每场应该动用多少资金？每次应该投入多少资金？如何才能把风险控制在可以承受的范围？每个交易者的财力不同，对风险的承受能力和所设定的目标也不同。不论财力的大小，每场可动用的资金和每次投入的资金变化都有其比例，为了让每次投入的资金有所依据，对它的限制就必须事先有所规定。

（3）攻守投入法

俗话说，常在河边走，哪有不湿鞋。交易久了，获利和失利都很常见。失利有小亏和大亏之分，承受不了小亏，希望通过加大投资来回本、改变局面，多半是小亏变大亏，因为大亏往往就是由于小亏、连亏后，加大投资产生的；如果亏是免不了的，我们宁愿接受小亏，连亏时绝不加大投资力度，从而避免大亏，"吃小亏是为了不吃大亏"。同样，赚也有小赚和大赚之分，如果小赚的时候由于担心加大投资力度而失去这小赚的利润，将很难尝到大赚的滋味，而大赚往往就是在小赚、连赚的时候加大资金投入；赚也是必然要发生的，应该不仅仅停留于小赚上面，不因贪图小利而束缚了自己的手脚，要一有机会就变小赚为大赚；在连赚时要敢于加注，尽量把握住大赚的机会，"不贪小利是为了追求大利"。在连赚的时候，要敢于追加投资，犹如冲锋陷阵，该出手时就出手。不少人不敢在连赚的时候大力追加投资，这是他们不能大赚的原因。市场如战场，资金就是你的士兵，在获利的情况下才能从容地投入战斗。在连亏的时候，要勇于缩减投资，避实就虚。这也符合兵法的原则，胜兵先胜而后求战，败兵先败而后求胜，要"胜之而求战"，不能"战之而求胜"。

因此，对待获利和失利就有了两种截然不同的心态：一种是"赢不起，输得起"心态。所谓"赢不起，输得起"是指在赚的时候不敢加大投资，生怕把赚来的钱亏掉；而在亏的时候，往往反而敢于追加资金，越亏追加得越多，想一次就把亏掉的捞回来。这是"小市民意识"很重的一种做法，往往是赚小亏大，非常不可取。另一种是"赢得起，输不起"心态，又称为"连赢要冲，连输要缩"。在赚的时候敢于投资，特别是在连续获利的时候，投资越来越大；在亏损时要谨慎，特别是在连续亏损的时候，投资要越来越少，这样往往是赚大钱亏小钱。理解其中的道理之后，这种心态很容易被接受。要注意的是，这里的"输不起"是投资中运用的一种策略，前面"交易八大规则"中的"输不起"是失利后的一种感觉。

从数学上来看，"连赢要冲，连输要缩"，或者是相反，二者并没有什么分别，差别在心理上。应用"连赢要冲，连输要缩"的策略时没有什么心理压力，投资会很轻松；相反，由于在"连输"的时候已经损失了很多，却还要加大投资，要承受的心理压力和金钱压力较大。从卡尼曼的预期理论可以得出结论，在已经亏损的情况下，人们是一个风险追求者，而不是一个风险厌恶者。"输冲赢缩"是人们不自觉地应用的一种方法，有这种习惯的人对"连赢要冲，连输要缩"的方法需要一个适应过程。不是想方设法地规避损失，而是要坦然地面对，这是"连赢要冲，连输要缩"对待损失的态度。

每当收益率为正的机会来临，要用比平时加大一倍的投资力度。两倍资金时，如果亏了且收益率为负，自然又投最少的基本资金；如果亏了但收益率仍然为正，还是以平时投资的一倍投入；如果收益率变成了 0，可以既不追加投入也不缩减投入；如果赚了而且收益率还是为正，可以把赚的资金加在本金上，这样很轻松地投入资金就到了平时的四倍。四倍投入时，如果亏了且收益率为负，自然就又投最少的基本资金；如果亏了但收益率仍然为正，还是以平时投入资金的一倍为好；如果赚了但收益率变成了0，可以既不追加投入也不缩减投入；如果赚了而且收益率还是为正，有两种选择，一种是用赚的部分资金追加投入，收回来一部分，另一种是把赚的资金加在本金上，这样很轻松地投入资金就到了平时的八倍。依此类推。

这种投入资金的方法把交易理论和交易心理相结合，既不激进也不保守，攻中有守，守中有攻，攻守兼备，十分稳妥，是我常用的方法，我叫它"攻守投入法"。它比较好地兼顾了正收益率原则和交易心理学的方方面面，可操作性比较强，读者可根据自己的实际情况制订适合自己的方法。

它是基于正收益率原则的一种交易方法，其精髓在于"连赢要冲，连输要缩"。在资金有限，因而对金钱的承受能力也有限的情况下，"攻守投入法"是交易者克服人性的弱点、控制交易中的风险、轻松面对强大的市场的一种有效方法，不仅与数学有关，也和心理学有关。

（4）大势研判

期货市场是一个风险与机会并存的地方，参与期货交易，必须随时衡量风险与机会大致所占的比重。没有哪个投资者不重视机会和风险，但对待的态度却完全不同。判断准确、行动果断的大智慧投资者总是在机会远大于风险的时候，抓住机会；在风险远大于机会的时候，回避风险。在对待机会的选择和风险的规避上，赢家降低了出错的概率，结果最终胜出。反之，输家极力追求胜算，但错误总是不经意扩大，即使侥幸赢了最终仍是输。任何情况下，只做必然性行情，不做可能性行情，以投资的眼光看待机会与风险。交易也有类似的地方。长期交易盈亏的走势是确定的、必然的、绝对的；但某一天交易盈亏的走势是不确定的、偶然的、相对的。如果说交易高手比一般交易者水平高的话，其高就高在，在收益率大于 0 的条件下，抓住偶然的确定性的概率大于产生失误与必然的不确定性的概率。

攻守投入法的应用必然要涉及交易大势的研判。在交易过程中，盈亏都很正常。那么，有没有什么方法来进行交易大势的研判呢？期货交易中，主要有几种态势：第一种是正常态势。有盈有亏，资金有去有来，盈亏的次数没有明显的分别，攻守投入法在这种态势下可适当应用，攻守并重。第二种是市场处于熊市的态势。如果我们亏损的情况连续或者经常发生，就可以断定市场是熊市，这时什么方法都很难见效，应该尽量回避，或者考虑采取最彻底的守势——走。第三种是我们很盛的态势。当我们盈利的情况连续或者经常发生时，就可以断定这时我们的风头很盛，也就是说市场是牛市。如果这时收益率良好，应该毫不犹豫地把赚来的资金加上去，乘势反击一定要有力，这时的攻守投入法应以攻为主。这就是通过大势研判来掌握进攻的强度和节奏。

由于每个人情况不同，即使在攻的时候，也有强弱之分。如果你的资金足够，有足够的承受能力，完全可以不管在此之前是盈是亏、盈利多少亏损多少，一旦收益率为正，就追加投入，全力进攻。攻守投入法也包含这种全攻的情形。总之，应用攻守投入法的时候，是以攻为主，还是以守为主，或者攻守兼顾，应该不拘形式，依据具体的态势结合收益率顺势而为。

在大势研判中，一般当我们盛的时候，总是维持现状不做改变，只是增加投入来响应；在市场盛时的起始阶段，有时也通过减少投入等措施来施加影响，如果措施无效，那就是市场真的很盛了。交易大势研判的原理也是一种心理学。

（5）资金的管理与效率

穿越干旱的沙漠要准备足够的饮水，方能走完全程；进入市场，也需准备足够的资金，才能从容应战。走在沙漠中，一定会口干舌燥，需要喝水解渴，但是每天的饮水量，必须有节制，否则尚未到达终点，就已人仰马翻；进行交易，有一笔足够的资金固然重要，如何合理分配资金，实现长久获利也同样重要。

人们常说，不要把鸡蛋都放在一个篮子里，说的是处理具有风险的事情的一种方法。鸡蛋是易碎品，存在着被摔坏的风险，不把鸡蛋放在一个篮子里，即使摔坏了一篮，也不至于没鸡蛋吃。当然在对待如何放鸡蛋这样的小事上，不至于要用几个篮子来放鸡蛋，而且现代人的生活越来越方便，相信多数人都把鸡蛋放在一个篮子里。但是，在对待像炒股、炒汇和交易期货这种事关重大、具有高风险的事情上，一位头脑冷静的智者必然要遵循和贯彻不要把鸡蛋放在一个篮子里的思想。

资金的分配管理是交易活动中首先要考虑的问题。在收益率大于 0 的情况下，在资金的分配上，交易者也应通过一定的方式使得交易能够长期进行下去。根据具体的情况，每次都只带一部分资金进场，不把鸡蛋放在一个篮子里，规避短期风险，这是资金分配管理的总原则。

首先，应根据在交易过程中停留的总时间来做资金的分配。譬如说：预计停留五天，至少应将资金分成三份作为每天可以动用的资本。再依照每日市场行情分配、调整资金。资金管理与收益率有关，收益率正得越多，对资金管理的要求越不严格；收益率正得越少，对资金管理的要求就越严格。资金管理还与收益率的标准差有关。实施分配制的资金控制，是规避短期风险、避免失败的防御武器。带上一笔钱进市场，在交易中的每一次投资，也不能随心所欲，也需要遵循一定的原则——资金最大效率原则。

充分发挥资金的最佳效率是创造更大财富的关键。要让资金发挥最佳的效率，应该合理地规划最大投入、最小投入与所带资金的比例。一般以最小投入大致为总资金的 1/100，最大投入不超过总资金的 1/10 为宜。运用大势研判和资金的最佳效率原则，在以攻为主时，合理安排进攻的节奏，可以波澜不惊地达到最大化收益。在收益率大于 0 的前提下，懂得资金的管理和如何发挥资金的最佳效率，加上灵活的投资方法，在和市场的较量中取胜将易如反掌。上述都是一个总的原则。具体应用时，每个人的情况不同，肯定有每个人更具体的方法，只要大体遵循这些原则就可以了。

熟练地掌握交易理论，对各种交易的收益率了然于胸，结合资金的管理与资金的效率理论，市场的神秘感将一扫而光，具有完全的透明度，那时的你将是一个健康而自信的投资者。

交易的最高境界是长久获利。失利和获利已经不会引起你任何情绪上的波动，一时的盈亏在你心里已经激不起任何波澜。失利离场对你不再是一种痛苦，你明白这是交易的一部分。你对获利也不再喜悦，因为这是正收益率的必然结果。你知道在市场里只要按照正收益率原则，顺应交易的规律做正确的事情，利润随之而来是自然而然的事情。

3.3 围棋与交易

期货和围棋都是规则简洁的复杂游戏。就像世界上没有两个相同的海岛一样，围棋和期货的本质也都是变幻莫测的，所谓

"千古无同局"，没有任何一种游戏可与之相提并论。期货圈子里有一个共识就是，下围棋的人有一种特别的心性，和期货操作是极吻合的，下围棋需要什么心性，做期货就需要什么心性。有人会说，下棋无关金钱，心理的压力没那么大。此言差矣，看看国际棋战，即使你不去说什么为国争光，棋战的奖金难道不是真金白银的"头寸"？所以我们有必要思考一下围棋对提高投资修为的意义，看是否真的和期货操盘有共通之处。

（1）围棋使人考虑问题更周全

人在下棋过程中主要是通过局部计算和形势判断之后才谨慎落子，否则就容易导致失误。所以下围棋能够养成多动脑、多思考、落子无悔的好性情、好习惯。围棋讲究不下随手棋，高手都是想好了再落子，这个习惯可以让我们养成下单前一定要有备而来，做好功课并制订出周密的交易计划的习惯。一着不慎，满盘皆输，一个闪失就有可能导致棋局的逆转。做期货何尝不是这样？就算你是一个高手，随着成功操作次数的增加，盲目的骄傲就可能使你踏错节奏，如此反复几次就会步伐凌乱，凌乱几次就会吐出以前的盈利，甚至被清理出局。

（2）下围棋使人注意力集中

做期货盯盘和下单都需要专注，下围棋也是这样。每一步棋都要经过仔细观察、评估和判断后才能做出决策，并且在这个过程中必须心无旁骛。常下围棋，可以养成保持注意力的习惯，对期货操盘也有帮助。职业棋手们的基础知识都是相差不多的，而对弈能力的参差不齐，就在于对基础理论的理解和应用的创新不同，更在于是否长期专注。期货市场也是一样，大家也是面对同一个市场，使用同样的工具和市场信息。操盘水平的差异，源自专注力和个人修为的差异。

（3）学习围棋能够加强记忆力

我观察到一个有趣的现象，就是期货高手对交易数据都有惊人的记忆力，甚至对十多年前的某价位还记忆犹新。但事实上，他们在其他方面的记忆力不一定优于常人。下围棋时，棋手当然不能乱下子，就像期货不能乱下单一样。围棋有许多定式需要熟记，只有这样，实战时才能根据棋局的发展加以灵活运用。为了融入棋局，在下棋时棋手会习惯性地记住双方行棋的每一步，高手一般都能够凭记忆复盘，从对局中汲取经验教训，以利再战。对棋局的记忆能力，其实是长期训练得来的，所以我们应该向棋手学习这种特质，养成对数据的习惯记忆和敏感。

（4）好的围棋选手都有很强的大局观

他们知道舍与得、轻与重、大与小，知道局部与整体，这种能力，在期货交易里有多重要，无须多言。有趣的是，围棋和期货运用的都是虚拟世界的规则，并且都有相当多的计算机无法模拟的"不科学"成分，比如轻重缓急的大局观等，它们在操作面上的相通性很强。围棋领域有句谚语："弃小不顾者，有图大之心。"就是说如果棋手下出了不管眼前利益的怪着，其真正的诉求是追求更大的利益。操盘也是这样，因为有时候基本面和盘口信息说明行情是有向上意图的，可当时实盘却偏偏向下走，直到大部分散户止损出局后，行情才开始如愿启动了。应对这一类行情，就需要上好的大局观，这种心胸可以从下围棋中习得。无论在黑白还是红绿的世界里，大局观都很重要，所以要注重每一步，每一步都要做通盘考虑，不争一子的得失，否则就会因坐井观天而错失良机。

（5）下围棋能够提高快速反应能力

对局不是简单的重复，不可能按照固定的棋路走，就像期货走势不可能按一定的规律发展一样。下棋需要出奇制胜，既要应付对手行棋的变化，又要让自己的棋路使对手难以应对，这样才能主动把握棋局发展。这种应变能力到了一定的程度，面对市场行情的变化，就会在正确的时候做出正确的反应，操盘水平就会日新月异。围棋上的快速反应一是应对眼前，二是保留后续手段，期货操盘又何尝不是如此？

（6）学习围棋能够培养耐心和毅力

下围棋既斗智又斗勇，是综合能力的对抗，高水平的弈者手谈一盘常常需要几个小时，对弈时不只是大脑在高速运转，还需要体力的配合，没有一定的耐心和毅力是下不好的。这一点和做期货一样，不仅仅是操盘技巧的对抗，本质更是人性的对抗，在这种层面的对抗中，耐心和毅力常常是起决定性作用的。

（7）学习围棋可以提高应对挫折和压力的能力

对弈过程中需要面对各种挑战，时刻都需要通过自己的分析和决策来解决盘面纷争，下棋最终追求的是胜负。因为江湖中人都深知天外有天，所以优秀棋手需要有极高的抗打击能力，这样才能在压力和逆境中保持良好的心态，提高自己的应对和反击水平。证券期货市场放大了人性的弱点，胜败不只是兵家常事，有时一瞬间就因为自己弱点的暴露而被市场抽打若干耳光，有时收益良好正在得意呢，可能一个反转，"世界末日"就到来了。所以通过学围棋提高应对挫折和压力的能力，能够让操盘者从容应对胜负盈亏，增强自己的韧性。

围棋的许多策略可以直接在期货市场上应用，这方面的著述甚多，大家可以找来揣摩一下，这里不做赘述，仅提一下《围棋十诀》供大家参考：

①不得贪胜；②入界宜缓；③攻彼顾我；④弃子先争；⑤舍小救大；⑥逢危须弃；⑦慎勿轻速；⑧动须相应；⑨彼强自保；⑩势孤取和。

这些思想与期货交易的要求，何其吻合！

所以，在交易的闲暇之余还是应该多读一些传统文化经典，不论是战略战术层面的，还是修养修为方面的，对交易都会有所助益。期货高手大都有读传统文化经典的习惯，其中有不少精华都成了口头语，无形地深化在交易的理念中。例如，"胜而不骄，败而不怨"，"良贾不为折阅不市"。在期货市场里经常会听到一些人的抱怨和后悔：当初如果如何，现在就能赚多少多少了！其实，期货投资是"有道者坦荡荡，无道者长戚戚"，毕竟"往者不可谏，来者犹可追"，所以不要怨天尤人，要永远把精力用到对下一个时机的把握上去。再如，"多君潇洒意，破甑不曾顾"，就是说凡事后悔无益，期货投资也需要这种"破甑不顾"的精神，不要陷入对错失良机的自责中，这和对待"沉没成本"的智慧是一致的，值得深思；要对自己有信心，不要沮丧，不要缩手缩脚。做期货交易，理解了"既往不咎"和"破甑不顾"的深意，就能有助于自己认真地做好每一笔交易，久而久之，必可成就非常之功。

做期货，怎样利用传统的谋略和智慧，是个大话题。我们应该知道，期货高手的特质主要有两块：操盘战术和个人修为。在中国传统文化的诸多学派中，战争理论是讲实战的，儒道法是讲修为的。所以期货中人，重视对这些传统智慧的学习和修炼，不可或缺。人性固有的弱点在投机市场中非但不可避免而且被成倍放大，减轻这些弱点对操盘者的制约，就需要内心的强大，修炼出强大的内心是克服弱点的有效办法，运用中国传统智慧提高人生境界，就是一种上好的修炼。

所以有人甚至说期货就是把钱从内心狂躁的人的口袋里转移到内心安静的人的口袋里的一种游戏。中国传统文化大都有"求道"的诉求，这个"道"的境界虽然是无法言表的，但基本上相当于通过实践来领悟事物的整体，最终达到"拳无意"的最高境界，这才是真正的大智慧。

3.4　期货交易没有一鸣惊人，没有惊天动地

在交易世界里，每个人都怀有梦想。渴望成功。然而，阅历及人性的制约往往使我们实际努力后的状态依旧很难摆脱志大才疏的尴尬，这是众多交易者成功路上的一大难以跨越的障碍。期货市场存在着一年盈利几倍、几十倍的高手，"浓汤野人"林广茂先生 2010 年在"棉花一役"中，将 600 万元做到了 20 亿元；农民哲学家傅海棠先生 2016 年做多"黑色系"、豆粕、棉花等品种，当年盈利超过 10 亿元。这些短期暴富的神话让人们心生向

往，幻想着自己有一天也能一夜暴富。但实际上，人们只愿看到成功人士功成名就时的辉煌光环，却往往忽略了他们在此之前所进行的艰苦卓绝的努力。愿望和行为脱节，只愿人前显贵不愿背后遭罪是常态。人世间没有一蹴而就的成功，任何人都只有通过不断的努力之后，才能凝聚起改变自身命运的爆发力。林广茂先生做了 10 年的操盘手，直到 2008 年才开始出现盈利；傅海棠先生也是在经历了无数次的失败后交易才走上正轨。"成功需要积累，厚积才能薄发"是最朴实，也是最简单、最容易被人忽略的真理。

讲一个发生在一百多年前的故事。截至 1911 年 12 月，没有人到达过南极点，所以这是一百年前所有最伟大的探险者、最有探险精神及梦想者最想做到的事情。最后有两支竞争团队打算完成这项创举，一支是来自挪威的阿蒙森团队，另一支是英国的斯科特团队，他们都想率先完成这个从来没有人完成过的事情——到达南极点。他们出发时间是差不多的，这是因为这个世界上竞争从来都非常激烈，当有一个大的机会的时候，没有可能只有你看到了，基本上是差不多同时有一帮人看到了，这跟其他无数场合的竞争都很像。所以这两支团队差不多都是 1911 年 10 月在南极圈的外围做好了准备，准备进行最后的冲刺。

结果是这样的，阿蒙森团队在两个多月后，也就是 1911 年 12 月 15 日，率先到达了南极点，插上了挪威国旗。而斯科特团队虽然出发时间差不多，可是他们晚到了很多，他们晚到了一个多月，这意味着什么？

这就是成功跟失败的区别。阿蒙森团队作为人类历史上第一个到达南极点的团队会永载史册，获得一切的荣誉；而斯科特团队虽然经历了一样的艰难险阻，但是晚了一个多月，很少人会记住第二名，大家一般只知道第一名。但这个故事并没有这么简单，你不光要到南极点，你还要活着回去。阿蒙森团队率先到达南极点之后，他们又顺利地返回了原来的基地。而斯科特团队晚到了，他们没有获得荣誉，更糟糕的是，他们因为晚了，回去的路上天气非常差。在回去的路上不断地有人掉队，最后他们没有一个人生还，斯科特团队不但没有完成首先到达南极点的目标，而且全军覆没了。

是什么造成这么重大的区别？不光是成功与失败的区别，而且还是生与死的区别。对这个事情进行研究，可能对我们做事会有些帮助和启发。

首先，去南极探险，不光是需要人，还需要物资，事后有人总结分析两支队伍的策略和准备，可以看到非常大的区别。阿蒙森团队物资准备非常非常充分，他们有三吨的物资。而斯科特团队准备的东西少，他们只有一吨的物资。一吨的物资够吗？如果在过程中不犯任何错的话，刚好够。这是多么可怕的事情，理论上可行，但实际行动中会碰到很大的压力，碰到很大的未知困难，不可避免地会动作走形，会犯很多错。所以，当计划定得太紧的时候，其实是非常危险的。阿蒙森团队就做得非常好，他们准备了三吨的物资，这些物资有极大的富余量。他们充分预知到环境的困难，做好充足的准备，给自己留下了犯错的空间。

事实上，他们碰到的环境是差不多的，最后两个团队却有截然不同的结果，这个是非常值得研究的。阿蒙森团队的成功经验，最后可以总结成一句话：不管天气好坏，坚持每天前进大概 30 公里。在一个极限环境里面，你要做到最好，但是，更重要的是，你要做到可持续的最好。相反，从斯科特团队的日志来看，这是一个比较随心所欲的团队，天气很好就走得非常猛，可能每天四五十公里甚至六十公里；但天气不好的时候，他们就睡在帐篷里，吃点东西，诅咒恶劣的天气，诅咒运气不好，希望尽快天转晴，尽快能够前进。

事后总结，不管环境好坏，不管容易与否，不管是到达南极点还是从南极点顺利返回，坚持每天前进 30 公里，这是一个非常重要的区别。阿蒙森团队于 1912 年 1 月 25 日全部返回营地。这个日子和他们 3 年前计划的归程一天不差，是巧合也是奇迹。后来有人评价阿蒙森的成功是因为好运，他的回答是："最重要的因素是探险的准备如何，你必须预见可能出现的困难，遇到了该如何处理或者如何避免。成功属于那些井井有条的人——人们管这个叫作好运气。对于那些不能预见困难并做出及时应对的人来说，失败是难以避免的——人们称这个为坏运气。"

这个故事还有一些细节也值得我们思考。第一，斯科特团队用的是矮种马来拉雪橇，而阿蒙森团队用的是爱斯基摩犬。阿蒙森团队足足准备了97条爱斯基摩犬，阿蒙森认为只有爱斯基摩犬才是南极冰天雪地中的最佳选择。相比而言，马更强壮，开始的时候走得更快，但马不够耐寒，走到半路都冻死了，最后只能靠人力来拉雪橇；爱斯基摩犬虽然走得慢，但能在很冷的条件下生存，从而保证了行进速度。

第二，阿蒙森为了极地探险，他曾经和爱斯基摩人生活了1年多时间，就为了跟他们学习如何在冰天雪地里生活、求生等。

第三，阿蒙森的计划非常周详，连午餐也做了特别的安排。他使用了一种新设计的保温瓶，在每天启程前吃早餐时，便把食物装在保温瓶里。这样午餐可以在任何时间吃，既节约燃料，又省时间。而由于需要扎营生火，斯科特团队吃顿午餐要多花1个小时。阿蒙森的队员时常坐在雪橇上，一边欣赏极地的奇异风光，一边嚼着暖瓶里的食物。

交易市场这种地方，按说是常人应该选择敬而远之的地方，交易者需要多年的刻苦历练才能达到专业水平。这无论是对人的心力还是财力的消耗都非常大，非常人能够承受。期市里一般人的努力根本提不到用功的程度，当人的心力能量很低的时候，变化之微小太微不足道，也就很难走向正向的循环。然而，在投资者的世界里，群体最大的共识——赚快钱的目标之下，绝大多数的参与者是处于一知半解的水平，是在没有什么专业交易知识和境界的情况下就参与交易的，是一群希望快速实现暴富的掘金逐梦人。人们怀有希望的梦，却受不了太多的罪，最痛苦的就是能力配不上自己的野心，付出配不上自己的欲望，这种低层级的努力越多越走背运。人的本性是趋利的，所以更倾向于落袋为安，想截断盈利及避害，就倾向于追求完美的进出场，试图避开损失。喜欢抄底摸顶的人，也是有不愿承担风险的因素，也因为人性的急功近利，所以更倾向于重仓搏击。这种行为的本质还是目光短浅，和杀鸡取卵的性质差不多。在这个没有快钱可挣的时代，人越是短视逃避，付出的代价就越高。大多数交易者的常态死穴，是骨子里试图把握一切机会，却因承受力过低以至于和行情正常波动都不匹配，缺乏必要的承受能力，畏畏缩缩，喜赚怕亏。无论是在社会上还是期市里，都逃不出"生于忧患，死于安乐"这个逻辑。这世上除了特权和特别的幸运风口之外，哪有不担事就能得到大回报呢？不经过长期的磨砺，就不知道什么样的精神叫艰苦卓绝，心灵的磨难才是期市人生成熟的宝贵财富。

说到稳扎稳打不冒进，不追求完美交易，我们还要讲回围棋。"通盘无妙手"是一个下棋的术语，原话叫作"善弈者通盘无妙手"，也就是说，很会下棋的人，往往一整盘棋你是看不到那种神奇的一着，或者力挽狂澜的一手的，为什么是这样呢？

（1）围棋的"通盘无妙手"

韩国有一位围棋选手叫李昌镐，是围棋界的世界级顶尖高手，下围棋的人都知道他。李昌镐 16 岁就夺得了世界冠军，被认为是当代仅次于吴清源的棋手，巅峰时期横扫其他国棋手，号称"石佛"，是围棋界一等一的高手。李昌镐下棋最大的特点，也是最让对手头疼的手法，就是从不追求"妙手"。而是每手棋，只求 51% 的胜率，俗称"半目胜"，这是不是有点像前面章节提到的交易系统 EV？通常，一局棋下来，总共也就两三百手，即使每手棋只有一半多一点的胜率，最多只要一百多手，就能稳操胜券。也就是说，只要每一步比对手好一点点，就足够赢了。李昌镐曾对记者说："我从不追求妙手，也没想过要一举击溃对手。"世界排名第一的棋手，居然只追求 51% 的胜率，让很多记者和业内人士都觉得不可思议。

这恰恰是高手的战略，所谓的"妙手"，虽然看起来很酷，赢得很漂亮，但存在一个问题——给对方致命一击的同时，往往也会暴露自己的缺陷。正所谓"大胜之后，必有大败；大明之后，必有大暗"。而且，"妙手"存在不稳定和不可持续性，无法通过刻意练习来形成技能上的积累，一旦"灵感"枯竭，难免手足无措。正如守卫一座城池，只靠"奇兵"是不行的，终归要有深沟、高垒的防护。而与之相比，"通盘无妙手"看似平淡无奇，但是积胜势于点滴、化危机于无形，最终取得胜利是稳稳当当的，体现的是不同于"妙手"的另一种智慧。

真正的高手是不太会去做这些看起来风光无限的事情的，因为他们懂得"善弈者通盘无妙手"。那些看起来很风光的事情，其实风险很大，失误率高，一次失误后果就很严重。巴菲特的合作伙伴芒格说："如果我知道自己会死在哪儿，那我一辈子不去那里就好了。"这类人，他们站在全局的高度来看问题，提前防范危险，消除隐患，把威胁化解于无形。

（2）台球的"通盘无妙手"

如果你打过或看过斯诺克台球比赛就应该知道，它是这样的一项运动：台子上有各种不同颜色的球，代表不同的分数，两个人按照规则轮流击球。而且只要球进了，就可以一直打，直到自己打丢了一颗球，就换对方上场击球。最后看谁得的分数多。所以，斯诺克台球比赛非常重要的就是保持自己击球的连续性。所以在打球的时候，球手一定要对整盘球的形势有整体的分析和规划，并且每一杆击球都要为下一杆做好铺垫，这样才能打得比较顺，否则就是自己给自己制造麻烦。

于是纵观斯诺克台球比赛的历史，有两类球手是非常顶尖，经常拿下大赛冠军的：

一类球手是天赋极佳，击球特别准，即使对别人来说难度很高的球他也能打进。虽然整体控制局势的能力稍差，可能在局面上给自己"挖坑"，但由于自己高超的水平，打得别人没办法，所以也能夺得冠军。

而另一类球手是，对局面的掌控非常完美，每一杆每一次计算都非常到位，给后面留了很多的余地和铺垫。看这种人打球你会发现他很少有那种难度很大、非常精彩的击球，但他经常不知不觉、波澜不惊地就赢下了比赛。这样的球手也能获得大赛的冠军。

不过，这两类顶尖选手有一个最大的区别——后一类球手职业生涯的长度往往比前一类要长得多。而前一种天赋型的选手，往往会在巅峰期的几年里非常耀眼，但下滑也会很快，过了一阵就会淡出公众的视野了。

（3）守门员的"通盘无妙手"

在足球场上，守门员是个非常重要的角色。但外行看守门员的水平，往往会在意那些特别精彩的扑救，比如飞身一跃把一脚势大力沉的射门扑出去，这确实非常精彩；但是懂球的人评价一个守门员，其实是看他是否能把问题化于无形。比如历史上一些伟大的足球守门员，其实都是后防线的指挥家。他们会观察对手的进攻路线和模式，然后帮助整条后卫线做好整体规划，把很多问题消解在无形中。所以，你在场上不会经常看到他们高水平发挥的精彩扑救，主要是因为他们早就防范了隐患，把对方有威胁的射门化解于无形中。这才是一个足球守门员的高境界。

3.5 "笨方法"是智慧

清朝末年，太平天国起义，太平军战斗力极强，20 万八旗兵和 60 万绿营兵在其面前都不堪一击，可最终太平军却毁在了曾国藩率领的湘军手里，这是怎么回事呢？曾国藩一生可以分为三个阶段：

第一阶段是文人生涯，从 6 岁读书到 27 岁中进士，一直做到大学士，是当时的学术领袖；第二阶段是军人生涯，太平天国运动时期，他组建湘军，缠斗 11 年，愣是把悬崖边上的大清王朝拉了回来续了命；第三阶段是引入西方科学文化，他组织建造了中国第一艘轮船，建立了第一所兵工学堂，引入第一批西方书籍，送出去第一批留美学生。

前后两阶段都是文人的事，但一介书生怎么战胜当时战斗力强悍的太平军呢？这是个有趣的战略研究课题。不了解情况的一定以为曾国藩是一个熟读兵法、足智多谋的战略家。其实恰恰相反，在他带领湘军之前，并没有多少带兵打仗的经验，也不懂什么用兵之道。之所以能赢，其实就六个字——结硬寨，打呆仗。

曾国藩从来不与敌军硬碰硬地短兵相接，即使在胜算很大的情况下也从不主动发动攻击，而是每到一个地方就在城外扎营围城，然后挖战壕、筑高墙，把进攻变成防守，先让自己处于不败之地。太平军是非常骁勇善战的，总想跟湘军野战，而湘军就是守着阵地不动，就算太平军再能打，碰到这种路数，也是毫无办法。只要一有时间，湘军就开始不停地挖沟，一道又一道，直到让这个城市水泄不通、断草断粮，等到城里弹尽粮绝之后，再轻松克之。

就这样，一座城接着一座城，一点一点地挖沟，一步步地往前拱，就把太平天国给拱没了。湘军每打一个城市，都不是用一天两天，而是用一年两年，大部分的时间都在挖壕沟，当时的湘军看起来更像是一个施工队，被湘军攻打过的城市，如安庆、九江等，城外的地貌都被当年所挖的壕沟改变了。湘军与太平军纠斗11年，除了攻武昌等少数几次有超过3000人的伤亡之外，其他时候，几乎都是以极小的伤亡，获得战争胜利，这就靠曾国藩六字战法：结硬寨，打呆仗。

《孙子兵法》中说："先为不可胜，以待敌之可胜。"所谓"结硬寨，打呆仗"，简而言之，就是先占据不败之地，然后慢慢获得细小优势。曾国藩是一个爱用"笨"方法的人，他不喜欢取巧的东西，也不相信什么四两拨千斤的事情。因为胜利果实从来不是强攻出来的，而是它熟透了，自己掉下来的。《孙子兵法》里说："胜可知，而不可为。"

无论是战争、商业还是个人层面，道理都一样，要想走出困境或者取得胜利，靠的都是耐心，而不是某个突发性的、奇迹般的胜利。很多时候，你只需要按部就班地做好自己该做的事，等时机来临时，一切都会有所改变，只是在那之前，你必须有足够的耐心。

3.6 基本面 VS 技术面

期市就是战场，如何让自己立于不败之地，如何在不确定性中寻找确定性，这是更高层面的比拼。在分析方法上，关于基本面与技术面孰优孰劣的争论一直存在。技术分析通过 K 线图的走势理解市场，解读价格波动的原因，寻找价格下一步可能发展的方向；基本面分析通过对各品种供需关系的研究（对于股票则是行业景气、公司盈利能力等因素），预测商品价格可能发展的方向。

有人说技术派在交易不确定性的未来，而基本面派却是在交易确定性的未来，当然这个确定性依然还是相对确定。从逻辑上来讲，未来都是不确定的，基本面派的未来也是不确定的，我认为，这个观点有一部分是正确的，但还应该在前面加上"顶尖的"三个字。只有顶尖的基本面派才有这种水平和能力，他们交易的就是一个相对确定性的未来。

对于基本面分析来说，市场上大部分的专业研究员做的研究工作都差不多，各品种供需平衡表是他们的研究工具。研究员通过平衡表与其他相关信息，来推导出未来价格运行的方向，可平衡表说到底也是根据数据来预测未来。最重要的一点，平衡表里最重要的也是我们最想知道的数据是预估的。以农产品为例，天气对产量的影响是很难提前计算出的，而且随着成熟期的临近，权威机构对产量数据会不断做出调整。如果依据这个逻辑，基本面分析其实也是一种预测，承认预测就等于承认了不确定性。其实，大部分时候基本面不是很管用。

（1）为何大部分时候基本面不是很管用？

为何大部分时候基本面不是很管用？少部分时候才管用？而恰好在管用的少部分时候，又是大行情的时候，是暴赚的时候？为何大部分时候，用基本面分析，总分析得不清楚、模棱两可？多也有理由，空也有理由？主要因为，第一，大部分时候商品的供需并不是极端不平衡，大多数时间是平稳的，或者平稳偏紧，或者平稳偏松。而只有供需显著不平衡的时候，市场才会爆发大行情，快速上涨，涨幅和涨速较大。第二，由于投资者在基本面分析上能力有限，学艺不精导致基本面分析失效。

所谓的无大行情，主要因为两个方面：一方面，基本面平衡，供需对接，没出现矛盾，所以价格波动相对较小，在盘中，体现在行情的上下震荡，但无趋势；另一方面，基本面是缓慢不平衡，供需矛盾变化比较缓慢。例如，供给缓慢跟不上需求，或者需求缓慢跟不上供给，价格的走势有趋势，但涨速较慢，路径复杂，二进一退，涨幅需要在较长的时间内完成。

在现代工业化时代，工业大规模生产，所以不容易发生短缺，而需求由经济增速决定，需求通常也是缓慢上升或缓慢下降，除非政策面上发生"供给侧改革"一样的重大调整，否则工业品的供需在大多数时候是缓慢偏紧或缓慢偏松的。所以在价格走势上，就体现为震荡上涨或者震荡下跌，上涨或下跌的速度较为缓慢。就农产品而言，需求较为稳定，供需矛盾主要由供给引发，而供给又主要由天气决定，但灾害性的天气又不是经常发生，灾害性的天气总是较少发生，这就决定了农产品的供需在大部分时候是比较平稳变化的。

所以，在大部分时候，供需是缓慢变化的，而不是显著偏离，所以利多和利空之间缺乏显著的力量差异，两者力量在某一个时刻也是略微多一点或略微少一点。但是在"略微"这个角度上，除非你非常专业，否则你很难觉察出利多或利空的基本面谁更强一些，因为两者相近，所以也就很难判断出该品种最终是看涨，还是看跌。而大部分投资者很难知道两者的"略微"强弱，于是大部分时候，基本面不是很管用，这就是为何大部分时候，用基本面比较难以判断出行情的原因。

但是少部分的时候，供需是出现了显著的不平衡，这种不平衡，不需要太专业的人士就能看出来，所以根据基本面，就能判断出大行情。而且根据供需的偏离程度，根据历史经验，也能大致判断出涨幅或跌幅。所以少部分的时候，由于供需的差别显著，你也可以根据基本面，来判断出供需的矛盾方向，从而做出较为准确的判断。

（2）基本面分析的错误

学艺不精的基本面分析导致分析结论不全面、不准确、逻辑错误，或许完全不用基本面分析的交易者都比采用了不正确分析的结果要好些。事实上，这些错误经常出现在机构报告、新闻媒体、专业期刊以及商品研究杂志上，这些并不仅仅是新入市者经常犯的错误，下面将详细阐述：

① 依据单一基本面指标得出结论

通常认为"市场走熊"与供应过剩意义相同，这种解释看上去有理，但可能会导致不正确的结论。例如，假设白糖的市场价每磅30美分，供应由紧俏到过剩，在这种情况下，基本面似乎对市场不利，并且预期价格会更低。如果价格继续下跌，在25美分时基本面是否偏空？很可能。到20美分？也可能。15美分、10美分、5美分将如何？在某一价格水平，无论有多大的供货量，基本面可能不再偏空。

在供应过剩的情况下，如果价格跌幅太大，反而有可能代表基本面开始转向多头。因此，基本面本身既没有多头也没有空头的含义，仅是相对当前价格而言。一些投资者对这个事实认识不足，因此经常在行情好的时候认为基本面偏多，而在市场底部时认为偏空。但是基本面也很难判断行情的底部在哪里，除非价格显著低于成本价。但即便如此，白糖由于是三年一周期，熊市的时候，低于成本价的时间也可以在半年以上，比成本价低 20% 多。在供应过剩的情况下，虽然价格可能反映了该利空，但是至少可以表明白糖的牛市还未到。

② 将过时的消息看作新信息

新闻机构、网络、杂志和相关报纸经常报道、传播一些过时的消息。例如，一则标题为"世界棉花产量预计上升 10%"的消息，听起来好像对市场不利，从该消息不可能看出这种估算已报道过四五遍了。很可能，上个月估算的世界棉花产量上升 10%；也许，上个月产量可能是上升 12%。因此，目前估算值反而对价格走势有利。重要的一点是要记住，许多听起来好像是新闻的消息，实际上是老的传闻，早已被市场消化了。所以，判断消息是否过时，要看是否被价格反映完毕，市场价格是可以反映绝大部分消息的。不过需要注意的是，消息类型也有所不同，普通消息被市场消化，这个不用考虑，但涉及个别重大的供需信息，以消息的形式出来，不一定就被市场消化。例如 2010 年的棉花牛市，其实棉花减产的信息，下冰雹等，都不断在 2010 年上半年被报道，但棉花的牛市行情并未展开或爆发，直到到了采摘日，棉花大幅减产才被确认，引爆牛市，所以上半年减产的信息并未被消化。涉及重大的供需矛盾信息，价格是不可能很快消化完的，因为它引发了趋势，趋势不可能很快完成，所以要分信息而论。

③与上一年同期进行比较

市场中经常与上一年同期情况进行比较，通常根据时间点进行分析。如下列市场评论："12月猪与生猪报告显示猪肉供应货源充足，农场可上市的活猪将增加10%，计划猪屠宰量增加10%，预计市场价格会下降。"虽然该分析在某种情况下可能正确，但简单的分析推测容易出现误差。

目光敏锐的读者可能会观察到其中的谬误，仅是供货量增加不一定意味着价格会下降，因为市场可能已消化了上述消息。此外，同期比较法可能还存在一些潜在的问题：第一，因为12月报表显示活猪数量增加10%，这并不意味着供货量随之增加，也许上一年活猪的供应数量很低；第二，活猪屠宰与市场猪合约之间的关系可能变化很大，也许上一年活猪屠宰量比例很高，在这种情况下，市场增加10%活猪屠宰量可能增加不多。虽然一年同期比较法在某些情况下有助于解释市场运行状况，但不能认为是基本面分析的基础方法。

除此之外，还应该考虑到需求，供需两个方面影响价格，供应增加了，需求增加了，增加幅度大于供应，价格仍然是上涨的。这就是为何猪肉连年增产，但价格仍然是年年攀升。所以还得分析今年的需求是否增大，增大多少。当然对于农产品而言，需求刚性稳定，主要在分析工业品的时候，必须分析需求，供给端对工业品影响相对稳定，需求端容易出现突变因素。

④ 根据基本面资料判断交易时机

如果是根据问题出现频率排序的话，可能该项要比第一条更重要。基本面分析是一种方法，在一定条件下评估一段时期的合理价位，是用来预测某年、某季和某月的价格走向。然而，企图将供求统计数据用于瞬间价格买卖的依据是不可取的，但有些交易者就是根据基本面资料选择入场时机。

根据报纸文章、新闻报道和小道消息进行交易便会陷入这个误区中，据此进行交易的投机者常以失败告终。而例外的是那些利用这些消息进行反向思维的交易者，例如有人发现在牛市信号出台后市场仍然没有上涨，便转而做空。

基本面分析者也要防止在没有确定价格低估或高估时，便凭直觉认为该部位是正确的交易部位而匆忙入市。市场不会认同分析者个人确定的价格，即使该分析是正确的，最好的入市时间可能在三个星期或三个月之后。基本面分析的优势在于分析中长期或长远的趋势，大多数时候不是用来当作开仓信号或开仓时机。开仓时机需要借助于技术分析，如果你精通技术分析的话，就能够选择绝佳的开仓时机，或者行情的引爆点。当然，如果有重大的、突发性的供需信息发生时，会直接引爆价格，此时基本面提供的开仓时机是上佳的。

⑤ 疏于观察

假设有一天你浏览到报纸的财经版面，注意到一则消息，题为："政府估算最近发生在中西部的暴风雪将导致 10,000 头牛被冻死。"这种大量减产的消息难道不是最好的买入机会吗？等一下，你需要仔细算一下有多大的损失。如果在你面前的草坪上有 10,000 头牛，牛的数量很多。但是，当你认真想一想牛的总头数为一亿头时，损失的数量就不足以对市场造成大的影响。

该例子说明供货情况，而国内消费和出口情况的例子可能大同小异。对每一种情况都应问同一个问题：在消息报道中（即数量减少和出口销量）相对于总体而言，其重要程度如何？对于刚性需求而言，例如农产品，价格弹性小，即价格再涨，每日消耗量变化不大，毕竟总要吃饭，所以产量的变动对价格影响很大，哪怕产量减少 4% 左右，都可以引发农产品的中级行情。我们看到市场热爱炒作天气，天气转坏就可以引爆农产品的中级行情，就是因为农产品产量的小幅变动就可以引发价格的中级行情。

（3）技术面

再来说技术分析派。技术分析的基础是"道氏理论"，核心是"跟随市场趋势"，无论是哪一种模式的交易——趋势交易、波段交易、短线交易、日内交易，如果是赚钱的模型，都有"趋势跟随"这个核心在里面。

所谓的"趋势跟随"其实是立足于当下，和未来是没有直接关系的，如果一定要扯上关系，那就是预测未来。技术分析就是根据现在预测未来——假设的前提是"趋势是会继续的，趋势是不会随便掉头的，趋势是需要力量来改变的"，所以，我们才能根据当下的趋势结构预测未来的趋势走向，我们根据这个预测来决定我们"头寸"的方向。但我们心里又很清楚——"物极必反是会发生的，趋势是不可能永远延续的，趋势是一定会发生改变的"。于是，我们在这样两个完全相反的逻辑思维基础上，设计出了"依据当下的趋势决定方向，跟随趋势方向进行交易，但如果预测发生错误则止损，趋势方向发生改变则反向操作"这一类的操作模式。无论哪一种操作风格的交易员，只要是依据技术分析，都逃不出这个模式。承认预测就等于承认了不确定性，这也就决定了技术分析交易的未来永远是不确定的。也正是因为不确定，所以我们需要止损。

（4）基本面与技术面的结合

在了解了基本面分析与技术面的框架之后，我们发现基本面研究其实和技术分析研究都是在预测未来。既然都是预测未来，那就都存在不确定性，那就不能说依据哪一种方法得出的研究结论更有效。这也基本解释了为什么很多基本面研究的大佬也会看错方向，那是因为这样的基本面研究体系说到底也是预测未来而已，既然是预测，当然就会测错。

在技术分析的体系里面，操作的全过程所依据的是交易系统，"预测"这个因子所占的权重非常小，所以技术分析派的预测错误是不会给交易带来太大伤害的，预测对了也不会给交易带来太大的好处，技术分析派最终能赚到钱的基础不在于"预测的对错"，而在于"处理的艺术"。可是，基本面的交易体系里面，方向预测这个因子所占的权重非常大，这也解释了为什么基本面派的资金曲线会有很大的波动。也就是说基本面派的预测一旦发生错误，交易的结果会惨不忍睹；然而预测对了也会赚很多钱。

但市场上永远有高手，顶尖的基本面派是在交易"确定性"的未来。因为，我们交易的期货是远期的合约，和市场真正接轨的价格只有一个——交割的那个价格。在交割之前，价格可以远远偏离实际交割的价格。如果基本面研究能发现价格的偏离，那么未来价格运行的路径就可以确定——错误的市场价格一定会回归正确。技术分析派承认"市场永远是正确的"，因为技术派跟随市场价格，依靠跟随趋势才能赚到钱。所以市场上涨你做多，涨就是正确的；市场下跌你做空，跌就是正确的。而基本面分析其实是要承认市场是会犯错的，而且错得越离谱，纠正错误的过程就能让发现这个错误的人赚得越多。

斯坦利·克罗在他的《克罗谈投资策略》一书中讲过一个发生在他身上的真实故事：他发现白糖的价格跌到比装白糖的麻袋价格还低的时候，进场做多白糖，然而，市场疯狂到继续下跌，让他难以承受，当他爆仓之后，白糖价格开始了疯狂上涨。

斯坦利·克罗讲这个故事的目的是想说明，只有图表是真实的，不要听任何关于基本面的消息，价格在跌你就不能做多，哪怕那个价格是如此的不合理，市场相信的是：存在的就是合理的！其实，这就是技术分析派的核心思维：市场永远是正确的！所以技术派才会做出跟随市场的行动。然而，我们从另一个角度来思考这件事——白糖的价格跌到比装白糖的麻袋还要便宜，这个价格在现货上显然是不合理的价格，斯坦利·克罗当时其实是发现了市场已经犯错了，之所以他会爆仓，那是因为他当时还没明白投机交易是在情绪的第三维和梦想的第四维上展开的这个真理。

如果你能够判断价格在合约到期时的正确区间，只在当下的市场价格超出区间时进场，这是在寻找市场的错误，是先胜而后求战，只需在你判断的正确区间出现变化时或者市场价格回到正确区间时离场。只有当你发现市场出错了之后，未来才是确定的。换言之，如果基本面研究仅仅是从供需关系角度去预测未来的方向，那么这个预测的结论是不能带给交易者绝对信心的，只有从发现市场错误的角度去研究基本面，结论才是相对确定的。

战略方向定下来以后，如何不犯斯坦利·克罗在白糖上犯过的错误，那就要看具体操作执行了。所以说，基本面还应适当地结合技术面。基本面偏重于研究更长时间周期的行情，然而，就算是大趋势，也是一步一步走出来的，不可能一步到位，在这过程中，投资者每天都要面对市场中出现的不同情况，在基本面一直保持不变的情况下，价格都有可能出现大幅波动。这就涉及"应对"的层面，而技术分析正是侧重于应对，各人可以根据自己不同的交易体系得出不同的应对方法，进行仓位调整、风险控制。目前，随着市场逐渐成熟，投资者水平不断提升，已经有越来越多的机构及个人投资者通过将基本面与技术面结合取得成功了。

3.7 分析 VS 交易

交易，是一种投资智慧加少许运气的脑力游戏，不是单纯依靠勤奋和交易频率就能取得回报的。不少投资者都有过度交易倾向，觉得一天不做单手就发痒，一天无头寸心里就空落落的。整天在市场上进进出出，弄得自己晕头转向，手续费交了一大堆，结果账户还出现赤字。其实，真正大的投资机会，每年也就那么数得清的几次，只有平时冷静观察，建立适合自己的交易系统，并学会控制自身情绪和管理资金，届时才能捕捉到机会。

（1）研究和交易完全不同

行业研究更多是基于基本面情况，对商品价格上涨或下跌做出判断。但在实际交易过程中，影响价格的因素并不只是基本面，很多时候价格涨跌是受技术面的影响，或是受资金推动的，甚至短期内价格涨跌是随机的。因此，单纯依靠基本面分析进行交易的确很难成功，更何况我们在研究基本面的时候也很难不出错。比如，在很长一段时间内，基本面的影响因素应该不会发生重大变化，那么根据基本面的逻辑，价格涨跌都应该朝一个方向运行，可现实中这种现象很少发生。即使基本面促使价格朝一个方向运行，但由于各种因素，价格运行都是曲折的。我最怕别人问下午是涨还是跌，因为从我的角度来看，这一个月都是上涨行情，但盘面价格的涨跌很难预测。

（2）经验不是制胜法宝

纪录片《寿司之神》中的主人公名叫小野二郎，已经93岁高龄，他是日本最好的寿司厨师，也是全球最年长的米其林三星主厨。他没有什么高学历，出身平平，但就是靠不断积累和努力，终于做出了最好的寿司。事实上，很多行业都是通过不断积累经验取得成就的。然而，交易是一件非常复杂的事情，不是熟练就能做好的，在每一个时点上都会有数不清的因素影响着市场价格。即使你经历过一段行情，并有所感悟，但之后想要再找到和之前一模一样的行情基本不可能，就好比你很难再踏进同一条河流。

除此之外，行情走势是独立的，并不受任何外界的影响。比如，你发现一个方法可以让寿司做得更好吃，但在交易中你的任何方法都不会影响行情本身。因此，虽然你通过某个方法连续盈利了几次，但却很难证实这个方法是正确的，这进一步降低了经验在交易中的重要性。所以经验不是交易的制胜法宝。

（3）预测与应对

分析偏向预测，而交易则注重应对，开仓前一定要想好如果开仓后走势证明自己对了下一步该怎么做，如果开仓后走势证明自己错了又怎么做。未来的行情谁也无法精准预测，你唯一用到的东西就是一致性的交易规则，它让你站在这场概率游戏的大数一侧。

盈利很难靠预测行情的胜率来获取，更多是依赖"做错的时候尽可能少亏，做对的时候尽可能多赚"，这就是实战家和分析师的最大差别。开仓的目的不是亏钱，而是获利且尽可能地获利更多：作为趋势交易者，当走势对你有利的时候，必须贪婪，让利润奔跑；当走势对你不利的时候，停止幻想，要截断亏损。

（4）行情什么时候明朗？

任何时候都不明朗，任何时候的行情都是拿自己的筹码赌出来的，尽管很多人从来不认为自己在赌。可事实上，谁也不知道明天会怎么走，交易就是下赌注，用确定的代价赌不确定的利润，只不过当致命的风险来临时远离，当风险可控的时候，未来值得一赌。

交易大部分时候都应该是"计划我的交易，交易我的计划"，盘后去看走势按规则确定怎样做，交易时间做的就只是按规则去执行。如果要在交易时间中的波动里，考虑那些哪里买进或卖出的问题，相信很多时候会让自己不知所措。

中长线交易者从来就不认为买进的具体点位在交易中占据多大的作用，只有追求微利的短线交易者才追求具体买入点位，波段交易过于注重具体买入点位会得不偿失，损失更多的机会和利润。买入的具体点位不会是趋势交易者的重点，他们在每天盘后看看当天及之前的走势，凭借经验判断一个方向，依据交易系统找一个合适的价格区，然后买入持有。

华尔街有人曾经做过一个实验，拿出几张走势图，然后让几个小学生和几个做了几年交易的人选择后面的方向，结果小学生的胜率压倒性地高于那些做了几年交易的。投资者之所以把精确买点看得那么重，无非就是这几个原因：

① 总是希望买在最低点位上，买进就有盈利，无法忍受价格的正常回调；

② 认为止损就是灾难，所以总是把止损设得很小。

只是他们忽略了，一个区域买进，高一点或低一点远远没有买不到重要。伪趋势交易者在大概率的涨势面前为了追求精确价格而错失机会。很多人之所以在整体上无法实现资金的增加，其中一点就在于他无法承受浮盈的回撤，其实浮盈根本不是你的利润，也没有人希望利润回撤。因为回撤而损失一些利润，但也会因为回撤而把握到更大的利润，这是走势中不可或缺的一部分。

（5）止损靠自己，盈利看行情

亏损额度是自己可以控制的，盈利则需要行情的支持。买进或卖出不是自己想当然，而是根据实际走势，根据交易系统决定买入还是卖出。无论用何种规则作为交易模式，都要考虑一点，那就是这种规则策略放在一个比较长的周期内是不是能实现资金权益的增长，而不是拿孤立的几个交易日或某次交易的偶然性，来作为交易的依据。

不应该为特定的行情调整自己的交易规则，要坚守自己的规则，管它行情怎么走，守住自己的操作底线，把握自己能把握住的那部分利润，保持交易规则的一致性。并不是所有行情在你交易规则下都应该盈利，这点必须理解、务必接受。所谓一致性就是在任何时候都按照自己的规则做，行情和外界对你毫无干扰，除非出现了规则内大幅度的亏损。

在任何时候只要不让资金出现大幅回撤，同时在自己的节奏内保持盈利，即使很慢，市场也迟早会奖励你。

这个市场存在了上百年，波动来自市场，但风险不是来自市场，而是来自投资者自身的交易，来自投资者对风险的控制。风险再低的市场，如果不控制，风险仍会被无限放大；而在高风险市场，懂得控制，风险则会大大降低。如果控制不了自己的交易，风险就会变得相当大。

3.8 盘感存在吗

大部分新人刚来交易市场，就被一些所谓的老前辈教导"要多看盘，积累盘感，盘感很重要"。很多人崇拜盘感，认为盘感就是市场即将变化之时，你已有强烈的感觉，内心感到不舒服，或你强烈感觉到行情会继续发展；别人问你为什么，你也不知道，就强烈感觉行情会这样走。在这种意识下，盘感就是第六感，类似武侠小说里的"无招胜有招"；有了盘感，你就可以挣钱于无形，并认为这才是交易的最高境界，这才是交易最神秘的东西，只可意会，不可言传。由于大部分人对盘感有着妖魔化的误解，认为盘感是种神秘化的力量，故我们就来仔细分析一下这个问题。

20 世纪 90 年代初，香港有一部很火的电视剧《大时代》，讲的就是交易世界的恩恩怨怨。主角方展博凭借着盘感，叱咤资本市场。在股市中，他会突然间感到什么地方不对，凭借着直觉，躲过次次大跌，当香港最严重的股灾爆发前，方展博内心感觉到强烈的不舒服，一直不知道为什么，于是卖出所有的股票，成功躲避了股灾。在许多人看来，这种感觉就是盘感，也就是第六感，人的第六感——不知道为什么，就是感觉到不妙、不舒服。这部电视剧所表现的交易敌对双方，包括丁蟹，不用基本面分析，也不用技术分析，就是凭借着强烈的盘感，积累了庞大的财富，盘感成了决定他们交易胜负的关键。或许因为这部电视剧广受欢迎，影响了一代代中国交易者，导致大部分交易者来到交易世界，张口闭口就是"盘感"，他们追求盘感、崇拜盘感，也神秘化盘感，都热衷于谈盘感，渴望拥有"看一眼就知道涨跌"的盘感，美其名曰"这是交易的最高境界"。

我在刚开始做交易的时候也会有一些"老前辈"对我这样讲，语重心长地告诉我"等到你看一眼行情，就知道涨跌，但说不出原因的时候，你就达到至高境界了"，所以当时年轻的我对于"赚钱但不知道为什么、说不出原因"的人，都给予仰慕的眼光，觉得他们才是大师，这是我要追求的目标。于是，我就不断看盘，不断看盘，也希望像他们一样，能获得这种直觉，获得这种盘感。在一段时间内，有时候感觉对，有时候感觉错，似乎一直获得不了这种神秘的直觉，一直也赚不到什么钱，而此前我认为有这种盘感的所谓大师们，也纷纷赔得死去活来。后来又过了一段时间，等到自己又成长了一些，才明白了一些道理。

（1）到底什么是盘感?

盘感不是直觉，不是第六感。如果凭感觉做单，那是主观化、情绪化交易。盘感应是一种没有明确提出来，或者不容易总结出来的交易规则或行情现象，而且这个规则或现象是你在长期的短线交易中无意识地提炼出来的框架。一旦出现这个信号，你马上就知道该如何做，是大脑瞬间处理一系列复杂微妙信息并得出相对可靠结论的能力，不需要思考，这就是盘感。

我们知道，传统的思维过程是从现象到逻辑推理，最终得出结论。而对于日内的快速走势，你没有足够的时间来进行逻辑推理，短线机会稍纵即逝，所以日内短线取胜，需要有较快的反应速度。周期越短，反应速度要求越快，这就要求你有瞬间做出判断的能力，如果中间你再进行逻辑思考和综合分析，那么机会就可能错失了。而盘感就是省去中间的推理时间，从现象直接到结论，看到走势，马上就能做出判断。但是这种现象，必须是在大量实战中所归纳出来的一种规律，某种现象出现后，下一步行情大概率上怎么走，你内心都会瞬间明白，中间也就不需要逻辑推理和分析。所以本质上讲，这种现象就是你的一种入仓信号、离场信号，就是你交易系统中的一部分而已，只是没有形成口头上或者文字上的明确规则。

日内短时间的走势，根本没有足够的信息储备和足够的时间思考，没法用科学的逻辑判断。短时间的走势，更需要操盘手对盘面变化做出快速的反应，所以就做短线而言，盘感在操盘上就显得相对重要一点。在交易过程中，盘感良好者不必经过严密的逻辑过程，就能得出较为可靠的结论，所以常常能够迅速捕捉到市场波动，不仅领先于许多人，也领先于各种技术指标。

（2）少部分规则没办法量化，导致说不清楚，就存在盘感

我们都知道打篮球，有些人投三分球就是非常准，如果你问他是怎么投的，他会告诉你"就是这么投的"，他也说不清。他说不清的东西，就是当时的投球力度、投球姿势、蹦跳的高度、手在哪个高度开始投球等无法量化的东西，他能告诉你的就是一个粗糙的框架，一些人人皆知、很容易查到的东西，比如立正、转身、盯着筐等，而这些粗糙的东西，你容易知道，但知道也没用，因为你还是投不中。但对于这些无法量化的东西，谁也没办法说清楚，因为每个人的身高、弹跳、手力不同，这就决定投球力度、蹦跳高度都会不一样，也没办法量化、标准化。而这种投中三分球的球感，不是凭空而来的，想投中三分球，需要不断地训练，不断地摸索，不断地总结，这次投球投高了，下次再低一点点，投低了，下次再投高一点点。无数次的训练，不断综合化的过程，形成了适合你的身体、力度等个性化的球感。

交易中，有些东西也是说不清楚的。例如，对一个品种特点

的把握，各品种因为价格、基本面、交易群体的不同而有着一定的走势。例如前述例子白糖就比较妖，而小麦就比较平稳，但是如何量化"妖"，如何量化"平稳"？只能根据波动率得出一个数值，可"妖"的界定标准是什么呢？波动率大于 2% ？那为什么不是 2.5% ？所以说就很难标准化，在对同一个技术形态时，就导致不同的品种会有所差异，你的信号就会有不同，你的反应也就会有所不同，就存在一定的盘感。所以了解一个品种的特点，对短线交易非常有好处。长时间集中精力盯一个品种，就容易产生一定的盘感，对这个品种的走势会深刻了解，但自己也说不太清楚具体、细节的规律。

（3）盘感来自大量的实战

盘感不是感觉，不是第六感，是一种短时间内的交易系统，是在长期的短线中提炼成的，"拳打千遍自然熟"，"惟手熟尔"，看到现象马上就能做出反应，做多了就成了本能，只是自己不知道原理，归成了盘感。所以盘感其实就是无意识、说不清楚的交易系统，在长期交易中形成的条件反应。

既然盘感不是第六感，本质上是交易系统的一部分，那么这个盘感如何得来？肯定来自经验、痛苦、磨难。失败的次数多了你总会知道，所以一个新手在这个市场里面想有盘感是不可能的，不要去迷信这个东西，盘感就来自你的经验，在这个市场里面栽的跟头太多了，受的教训多了，自然而然就会有盘感。

这种反应能力不可能于某一天从天而降，能否获得它在很大程度上取决于你先天是否敏锐，是否善于观察，是否善于总结，以及后天是否喜欢留意细节，是否刻意修炼。如果你先天对数据不敏感，你先天反应比别人慢半拍，后天又没有补拙的良方，即使劳了许多筋骨，苦了许多心智，也不会产生良好的盘感。

（4）盘感对做短线有益，但短线盈利并非主要靠盘感

盘感就是无法表达清楚、说不明白，或者无法量化、细化的交易规则或行情现象，但是对于大部分人而言，如果进行深入的归纳和总结、提炼，绝大部分的交易规则或行情现象，是可以提炼出来、总结出来的。所谓的不能提炼、说不清楚，主要还是总结不够、提炼不够、复盘不够，或者懒惰、不想提炼。

盘感只是对少部分的交易规则或行情现象说不清楚、道不明白，没办法量化，例如品种的具体特性，这个没办法说清楚，说也只能是一个粗糙的框架。由此而见，对于短线交易而言，大部分的交易规则或行情现象，都可以总结成文字性的清晰的交易规则或现象，这不能叫盘感；而对于少部分的交易规则或行情现象，无法总结成文字形式、口头形式的交易规则，这就是盘感。所以，对于短线交易而言，同样是需要一套短线的交易系统，并非主要靠感觉。但因为每个品种的日内走势会有不小的差异，而且日内机会转瞬即逝，来不及思考，所以交易系统更需要能配合这个品种的特性。而对该品种的盘感，就会对交易系统形成较为

细化、无形的优化作用。

在现实中，有不少的短线交易者炒的都是几秒的单子，有的甚至不到一秒，速度之快、反应之快，都是其他短线交易者所不能及的。但是即便如此，他们在做炒单的时候，也是有一个炒单的交易系统，这个系统是明确、清晰的，只是在具体的执行时间上，是快 0.1 秒，还是慢 0.5 秒，这个就是一种盘感了，说不太清楚。

所以，如果说做短线主要靠盘感，那就大错特错了。盘感这种灵感远不如系统稳定，盘感会无限放大人性的弱点，而人性是我们无法规避的，只有用系统规则来约束。如果你还主要在靠盘感做交易，时间的浪费和金钱的损失最终会改变你的想法。

（5）对于中长线而言，不那么需要盘感

对于中长线，或者对于做趋势而言，没必要过分强调盘感，你听说过巴菲特讲盘感吗？听说过索罗斯讲盘感吗？还是听说哪个著名的投资人物讲过盘感？都没有。因为对于中长线而言，你有足够的时间思考，有足够的时间搜集信息，可以利用科学逻辑的方法来推演，得出结论，做出交易方案。但是对于短线而言，特别是日内短线，可能来不及思考机会就没了，所以，此时你要省去中间的逻辑推理时间。当然，对于做趋势或中长线而言，有盘感自然会让你如虎添翼，操作会更好，但没有盘感，你仍然会屹立于投资市场，不断获利，两者差距没想象中那么大。

所以千万不要把盘感看得那么重要、那么伟大，更不要把盘感看得神神秘秘，那都是一瓶子不满、半瓶子晃荡的交易者的天马行空，或者来忽悠你、欺骗你的常见把式。交易盈利，一定是靠明确的交易规则来控制你的人性，才能保持交易的前后一致性，这种盈利才具有长期性和稳定性，否则就像瞎猫逮到死老鼠一样，是天大的运气，这是难以持续的。

3.9 幸存者偏差

什么是"幸存者偏差"？英文写作"survivorship bias"或"survivor bias"。这玩意儿属于"认知偏差"的一种。如果用一句通俗的话来概括"幸存者偏差"，就是"死人没法开口"。如果要说得更具体点，那就是：当你在分析某个事物的时候，可能会面对诸多的证据（样本）。但是大多数人通常只注意到"显式"的样本和证据，而忽略了"隐式"的样本和证据，从而得出错误的认知、错误的结论。

"幸存者偏差"出自古罗马的西赛罗（与恺撒同时代的知名

政治家、文学家、演说家）讲过的一个故事，大意如下：

有一群宗教信徒在某次沉船事故中幸存。幸存后他们就找人作画（画面上是一群人在事故中祈祷），以此来宣扬：因为他们做了虔诚的祷告，所以才在沉船事故中幸存。某信徒拿了这幅画给一个无神论者看。这个无神论者直接反问道：那些祈祷之后淹死的人，他们的画像在哪里？

"那些祈祷之后淹死的人"，他们已经死了，不可能再去告诉别人：他们的祈祷失灵了。

（1）投资领域中的"幸存者偏差"

西赛罗的那个故事，属于宗教领域的"幸存者偏差"。除了宗教领域，投资领域也会存在这类偏差。

似乎在每一个国家的股市中，都有那么几个人被誉为"股神"。如果碰到牛市，被冠以"股神"的人还会再多出好几倍。在期货市场，一年几十倍、上百倍收益的人，他们的交易方法会被人拿来模仿。使用的人都坚定地认为自己也能成为市场神话。可他们忽略了一点，使用这种方法的人可能有千千万万，而最终只有一个人成功了，剩下的人都以失败而告终。还有另外一个例子，来看某篇文章的其中一部分：

我要各位设想一场全国性的抛硬币大赛。让我们假定，全美国 2.25 亿人，在明天早晨起床时都掷一枚硬币，并猜硬币出现的是正面还是反面。如果猜对了，他们将从猜错者的手中赢得 1 美元。而猜错的人则被淘汰。每天都有输家遭到淘汰，奖金则不断地累积。经过十个早晨的十次投掷之后，全美国约有 22 万人连续十次猜对抛硬币的结果。每人所赢得的资金为 1000 多美元。

现在，这群人可能会开始炫耀自己的战绩，此乃人的天性使然。即使他们仍保持谦虚的态度，但在鸡尾酒会中，他们偶尔会以此技巧吸引异性的注意，并炫耀他们对抛硬币的奇特洞察力。

游戏继续进行，再经过十天，约有 215 个人连续 20 次猜对抛硬币的结果，并且每个人赢得大约 100 万美元的奖金。输家总共付出 2.25 亿美元，赢家则得到 2.25 亿美元。

这时候，这群赢家会完全沉迷在自己的成就中——他们可能开始著书立说：“我如何每天早晨工作 30 秒，并在 20 天之内将 1 美元变成 100 万美元。”更糟的是，他们会在全国各地主办培训班，宣传如何有效地抛硬币。对那些持怀疑态度的学者，他们会反驳说：“如果你认为这是不可能的，该如何解释，为什么会有我们这 215 个人呢？”

但是，某些商学院的教授可能会粗鲁地指出一个事实：假如让 2.25 亿只猩猩参加这场比赛，结果大致上也是如此——会有 215 只猩猩连续赢得 20 次的投掷。

这篇文章的作者就是被誉为"股神"的巴菲特。1984 年，为了纪念《证券分析》出版 50 周年，哥伦比亚大学举办了一次隆重的纪念活动，邀请到巴菲特做主题演讲，这篇文章就是当年的演讲稿。难道巴菲特想要说明"自己是运气好的猩猩"？当然不是。

（2）"幸存者偏差"导致的问题

"幸存者偏差"可能导致的问题很多。其中，错误认知最好理解。由于"错误的认知"会导致你对"沉默证据"的忽视，所以你对该领域的认知是不完全的。

错误的归因。在只看到"显式"样本的情况下，可能会产生一些错误的归因。"幸存者偏差"导致的"错误归因"会有很多种，比如因果倒置。大家都看过举重比赛，对于举重运动员，很多人都有一个错误的观点——以为这些运动员是在练习举重之后，才导致身材变得矮壮。但实际上，举重队在一开始筛选运动员的时候，就把那些身材细长的淘汰掉了，这些身材细长的候选人，就是"沉默证据"。换句话说，是因为他们身材矮壮，才有可能被选中去参加举重培训，而不是因为参加举重培训导致身材如此——这就是因果倒置。

"幸存者偏差"还将导致牵强的归因。假设某个赌徒去市场玩"押大小"（此游戏的胜负概率皆为 50%），连续赢了 10 次。对于大型市场，每天来玩的人足够多，那么一段时间之后，总会出现某个赌徒玩"押大小"连续赢 10 次（甚至更多次）。从概率学的角度讲这是正常的现象。但是对该赌徒而言，如果他陷入了"幸存者偏差"这个误区，他就会企图给这个现象找到一个解释，进行归因，认为自己水平高超。这就属于"牵强的归因"——把随机事件看作是其他原因，并企图在随机性之外寻找一个解释。

"幸存者偏差"还将导致错误的决策。以刚才赌徒的例子来说，假设这个赌徒误以为自己连续赢 10 次是水平高超，那么他就会获得一种虚假的信心，并在这个虚假信心的支持下继续玩，甚至还会加大赌注，最后的结局很可能是彻底输光。这就是"幸存者偏差"导致的错误决策。

（3）如何对付"幸存者偏差"

① 意识到"沉默证据"的存在

这是最起码的一点。首先要能意识到"沉默证据"的存在，需要形成这样一种思维习惯：每当看到"显式证据"，都要在内心反问：是否存在与之对应的"隐式证据"？

② 找到不同类型、不同层次的"沉默证据"

在前一条的基础上，你如果能找到"沉默证据/隐式证据"，自然就会获得更全面的认知。"隐式证据"有时候不止一种类型，碰到这种情况，不是每个人都能想到所有的类型。

③尝试排除"随机性"

决定一个样本会成为"隐式样本"还是"显式样本"有两种可能：情况 A，至少有一个原因在起作用；情况 B，根本就没有任何原因，比如前面提到的"抛硬币的猩猩"，仅仅是随机性决定了某个样本会成为"显式"或者"隐式"。对此种情况，如果非要去找出一个原因，就会出现前面提到的"牵强的归因"。

如果你在分析某个案例时，不清楚属于上述哪一种情况，那么就需要尝试去排除"随机性"。如果无法排除，那么就只好认可该案例是"随机性"驱动的。具体该如何排除？重新回到本文开头提到的那篇巴菲特的演讲稿。在说完"猩猩抛硬币"的游戏之后，巴菲特又说了如下一段话。通过这段话，可以借鉴如何规避"随机因素"的干扰。

　　然而，我必须说明，前述事例和我即将提出的案例，两者之间存在着若干重大差异。首先：

　　① 如果你所选择的 2.25 亿只猩猩的分布状况大致上和美国的人口分布相同；

　　② 如果经过 20 天的竞赛，只剩下 215 只赢家；

　　③ 如果你发现其中有 40 只猩猩来自奥马哈的某个动物园，则其中必有蹊跷。

　　于是，你会询问该动物园的猩猩管理员，问此人各种问题。比如给这些猩猩吃什么饲料？这些猩猩是否做某些特殊的运动？是否看了什么书籍？……换言之，如果你发现成功案例有非比寻常的集中现象，则你希望判定此异常的特色是否是成功的原因。

科学的调查也遵循此一形态。如果你试图分析某种罕见癌症的原因——例如，美国每年只有1500个病例——而你发现蒙大拿州的某个矿区小镇便产生400个病例，则你必然对当地的饮水、病患的职业或其他种种变数产生兴趣。你知道，在一个小镇中发现400个病例，绝不是随机因素所造成的。虽然你未必了解病因，但你知道从哪里着手调查。

除了地理，还有其他方式可以界定起源。除了地理的起源，还有我所谓"智力的起源"。我认为各位将会在投资领域中发现——不成比例的抛硬币赢家来自一个极小的智力村庄，它可以称为"格雷厄姆-多德都市"。这个特殊智力村存在着许多赢家。这种集中现象绝非巧合所能够解释。

在某些情况下，即使非比寻常的集中现象也可能不重要。或许有100个只是模仿某一位极具说服力的领导者，而依其主张来猜测硬币的投掷结果。当他猜正面，这100个追随者也会自动地做相同的猜测。如果这一位领导者是属于最后215位赢家之一，则这100个追随者也便属于同一个智力起源，这项事实便不具有任何意义，因为 100 个案例实际上只代表一个案例。

同理，假定你生活在一个父权结构极为严密的社会，而美国每一个家庭都恰好以父亲马首是瞻。20 天之后，你将发现 215 位赢家是来自 21.5 个家庭。若干天真的分析师可能因此而认为，成功地猜测硬币投掷的结果，其中具有高度的遗传因素。当然，这实际上不具有任何意义，因为你所拥有的不是 215 个独立的赢家，而只是 21.5 个随机分布的家庭。

我所要考虑的这一群成功投资者，拥有一位共同的智力族长——本杰明·格雷厄姆。

但是，这些离开此智力家族的孩童，都是依据非常不同的方法猜测他们自己的"硬币"。他们各自前往不同的地方，买卖不同的股票和企业，但他们的综合绩效绝对无法用随机因素加以解释。他们做相同的猜测，并不是因为领导者下达某一项指令，因此也无法用这种方式解释他们的表现。族长只提供了猜测硬币的智力理论，每位学生都必须自行决定如何运用这项理论。

3.10 瓶颈

交易有瓶颈吗？答案肯定是有的。只不过不同的投资者在不同的阶段所遇到的瓶颈是不一样的，有技术上的瓶颈，有心态上的瓶颈。有人的瓶颈是亏钱，不赚钱；有人的瓶颈是赚钱，嫌太慢；有人的瓶颈是没有了方向；有人的瓶颈是执行力不行；有人的瓶颈是资金规模大了，方法不能适应；等等。该如何突破交易瓶颈，是每位投资者都关心的问题。

（1）狭义层面的瓶颈

当我们学习一种本领时，看到书本上的那些东西，觉得自己已经学得差不多了，基本上没有不知道的地方。但真正运用的时候却发现，有很多细节并不能很好地演绎出来，这个时候你会发现，你的交易系统和交易理念并不成熟，而且有很大的提升空间。从交易的入场点、止损位、止盈位、资金管理等各个具体的方面需要跨过某一个门槛时，就是所谓的"狭义瓶颈期"。

此时你的思维受到固有思维的束缚，而新的内容却又无法真正地和固有思维相融合。应对这一困境的最好办法就是先从思维模式上打破之前的局限，扩大自己的思维模式，提升对新的交易知识和既有交易知识之间的整合能力，以及提升交易知识和交易实践之间的整合能力，从而最终构建适合自己的交易系统。这个过程就像和面一样，整个过程并没有产生多余的水，也没有产生多余的面粉，可它就是将水和面粉变成了面团。同样，在交易领域中也有一些很明显的例子，比如《股票大作手回忆录》一书就是一个很经典的交易知识和交易体验进行整合的例子。一个交易新手阅读此书，会觉得不知所云，但是当我们对交易有了一定的积累之后，再去阅读此书就会有不一样的体验，就会了解到此书的价值，并且每每读这本书的时候，都会有新的收获，每次都会有意外的惊喜。在《股票大作手回忆录》中提到，交易知识要运用到交易实践中，不断地积累，它们是交互式地螺旋上升，会形成无数个交点。当交易体验突破这个交点的时候，就意味着交易水平又提升了一个层次，继而进入下一个新的成长周期。

在交易的过程中，我们有可能会遇到这样的问题，在学习交易知识的时候，理解的过程中缺乏交易实践的支撑；同样在交易实践的过程中，在操作上缺乏交易知识的指导，往往会事倍功半。其实这个时候是交易者处于知识和实践的整合瓶颈阶段。此刻，我们应该停下来，思考一下问题出现在什么地方，如果是实践跟不上知识的积累，停下脚步，专注于实践一段时间；如果是学习的交易知识没办法运用到实践中，暂停交易或系统测试，重温一下自己曾经读过的经典，也不失为一个明智的选择。

磨刀不误砍柴工，磨刀的时间，正是木柴增长曲线上的平台期；之后，会重新进入一个快速增长的阶段。

（2）广义层面的瓶颈

狭义交易系统即通常所说的提供交易点位和资金管理的系统；广义交易系统，是交易者同交易相关的背景。在市场中，有人做价值投资，有人做价格投机；有人青睐基本面分析，有人青睐技术分析；有人模仿格雷厄姆、巴菲特、艾略特、江恩。其实这些只是狭义的交易系统。

在生活中，我们的认知和思想会被局限在我们所看到的简单的层面。交易中也是如此。比如交易者的生活背景，会影响到交易者对交易的认知进而局限了狭义交易系统的构建。比如，一个老股民劝说一个初入股市的交易者，暂时放弃格雷厄姆和巴菲特的理论，但是这个初入股市的交易者会认为这可是价值投资之父啊。然而随着他对交易的积累和更新，他对交易的认知也会有所改变，进而会改变狭义的交易系统，当年的新股民也晋级为老股民，进而就会理解当年老股民对自己的建议。

同样，很多关于交易的瓶颈，其实就是交易者的广义交易系统和狭义交易系统之间需要贯通和协调。并且，相对于狭义交易系统层面的知识和实践整合，广义交易系统和狭义交易系统之间的整合，需要更多不同层面的实践，以及更长的时间。例如，在同一套交易系统中，不同的交易者，表现大相径庭。其实主要原因在于交易者的交易背景有差别，他们被局限在一个系统里面，无论怎么努力去优化自己的交易系统，都很难去突破。而处于广义层面的瓶颈阶段，对在短期内的突破，不能有太高的期望值，毕竟这是一个不断学习积累和实践的过程，我们把交易系统优化至自己当前阶段的最优就足够了。

正如理查德·L.威斯曼在《机械交易系统》中所说的那样："那些在交易领域这样的微观世界中的真理，和宏观生活中的真理是和谐一致的。这种信仰让我能够把交易生涯坚持下来，虽然早期经历了无数的失败。"我们必须承认，交易和生活也是有一定联系的，但是需要我们在生活中发掘交易的影子，在交易中总结出生活的真理，从而促进我们对广义层面和狭义层面的整合。某些我们看起来不重要的东西，很大程度上决定了我们在交易领域的成败和业绩。

交易的瓶颈有真有假，并非所有的坎坷都由瓶颈引起，在交易中遇到问题多想想自己是否在认知上存在偏差。如果真的确定是交易进入了瓶颈期也不用慌张，因为交易的瓶颈更像是交易学习成长之路上的里程碑，提示我们已经走到了一个新的"横盘区"，需要"消化行情"，期待继续"上涨"。

第 **4** 章

风险控制

4.1 事前风险控制

风险控制是期货交易永远避不开的话题，是决定投资者能走多远的核心因素之一。从交易层面来看，风险控制是资金管理，是止盈止损，它影响着账户的"权益曲线"；而从更大的人生层面来看，风险控制左右着一个人的"生命曲线"。举个例子，一个人的全部财产有 100 万元，如果他将全部的 100 万元都投入期货市场，并如履薄冰地交易，从不重仓，每次仅用 5% 仓位，他是激进还是保守？另外一个人的全部财产有 1000 万元，但他只将 50 万元投入期货市场，不管盈亏都不再追加资金，交易的时候大开大合，一直满仓，这个人是激进还是保守？通过两个人的对比，在我看来，轻仓的那个人风险是失控的，反而满仓的人风险可控。下面再看一个例子，说的是扁鹊见魏文侯的故事。

扁鹊见魏文侯，魏文侯求教："你们家兄弟三人都精于医术，谁的医术更高呢？"扁鹊答："长兄最好，中兄次之，我最差。"魏文侯不解，问："那为什么你的名气最大呢？"扁鹊答："长兄治病，在病情发作前，那时病人自己都不觉得自己得病了，长兄就下药铲除其病根，所以他的医术难以被人认可，故而没有名气，只是在我们家中常被推崇。中兄治病，是在病情初起之时，病症并不是十分明显，病人也没有觉得痛苦，中兄就能药到病

除，使得大家都认为中兄只能治些小病。我治病多是在病情十分
严重之时，病人痛苦万分，病人家属心急如焚。此时，他们看到
我在经脉上穿刺，用针放血，或者在患处敷以毒药以毒攻毒，或
者动大手术直指病灶，使得病人的病情很快缓解或者治愈，我的
名气也因此响遍全国。"

真正的风险控制，是把可能出现的风险提前规避，在进入期
货市场之前就做好控制，投入自身可以承受的资金，然后是交易
开仓前对风险的评估、仓位大小的投入以及其他资金管理的问
题。止损在事前、事中、事后的重要程度完全不同，如果把全部
财产都投入风险市场，如何能保证不出现某天心态失控重仓交易
最终暴亏？做期货本来是求财，让自己生活品质能有所提高，可
有太多的人，从事期货以后妻离子散，甚至有借高利贷做期货的
人，最终命丧黄泉。

所以，我把事前风险控制放在本章的第一篇讲，因为它是最
重要的，止损和资金管理只是工具层面的细枝末节，而事前风险
控制才是战略层面的问题。

4.2 全职交易：以交易为生不可取

期货市场有许多人有辞掉工作全职做交易的想法。在我看来，能以交易为生的人毕竟是极少数，因为要做到这点所需要满足的条件太过苛刻，以至于绝大多数人都难以做到。如果全职做交易，至少需要满足下面两个基本条件：

（1）交易水平具备持续盈利的能力

怎么证明自己具备持续盈利的能力呢？这个是很难的，因为任何一笔交易，无论盈亏，都包含运气和交易能力两种成分，但没人能区分清楚其中两者谁的占比高。由于人性的固有弱点，盈利时，人们一般把盈利的主因归为自己的交易水平高；亏损时，就把亏损的主因归为自己的运气差或者心态不好。这容易导致交易者看不清自己，高估自己。

两三年甚至四五年的盈利，都不能表明你具备盈利的能力，很可能主要是因为你遇到了好行情而已；或者这几年的行情走势节奏，正好和你的交易系统匹配，并不代表你的交易系统可以稳定盈利。那么，如何证明自己具备交易盈利的能力呢？

① 不能根据某一期间的交易盈利来断定一个人的交易水平，应该看他在行情不好做的时间段的交易如何；

② 判断一个人的交易水平，至少需要一个牛熊周期七八年，他能获得不错的盈利，同时回撤小；

③ 最优方法：判断一个人的交易水平，是大规模的双盲测试 + 三年实战水平。

（2）家庭必须宽裕，没有后顾之忧

根据上一篇提到的事前风险控制，如果家庭不宽裕，马上面临是否能吃下一顿饭，是否能及时偿还房贷，是否能及时交齐孩子的学费等问题。如果日常的各种开销，必须依靠你的交易盈利来获取，那么你是无法全职交易的。这意味着你要能持续稳定、经常性地盈利，才能应付日常的开支。但是，行情恰好相反，能盈利的行情是少数，大部分时候行情是不能盈利的，所以做交易的核心思想是"三年不开张，开张吃三年"。

由于大部分时候行情的盈利都比较难，所以在这些煎熬的漫长岁月内，你的日常开销便没有资金来源，此时你的生活压力会很大，交易的压力更大，那么在实战中，你的交易操作便会变形、变样，违背交易规则，越做越亏。例如，你本周就要还房贷了，你必须盈利。但是市场上没有行情，没有出现你的交易信号，你原本是需要等待，不能做交易，但是在房贷需要及时偿还的压力之下，你不得不出手，结果亏损。此时会形成房贷和交易亏损的双重压力，你需要加倍赚回，压力越来越大，直到把你压得喘不出气。此时你根本不再顾及所谓的交易系统和行情特征，

而是变成了赌徒，越赌越亏，交易全变样了。

在压力之下，人的交易很容易变形。所以千万不要借贷或套用信用卡来做交易，这样做的话，等于自寻死路。即便有强大的盈利能力，在强大的压力之下，大部分交易都会变形。靠借贷来交易所带来的悲剧，期货市场上有很多，倾家荡产、妻离子散，或者被银行起诉，陷入牢狱之灾。

所以，要想全职做交易的话，必须家庭宽裕，没有后顾之忧。比如说，家人的基本生活都有保障，房子、车子、保险都有，教育、医疗所需的资金也都有，还有固定的其他收益，如房租和利息收入等，能维持正常的生活状态。这也表明，等你通过交易赚了钱之后，每笔盈利都要抽出一部分，特别是赚了大钱后，一定要从中抽出一部分盈利，转出交易账户，汇入你的银行卡中，像蓄水池一样储蓄你的生活开支，稳定你的后方，稳定你的妻子和家庭，千万不要把所有的盈利又都全部投入交易中。这样的话，你才能没有后顾之忧，不用着急一时一地的资金需求，交易理性冷静，不易变形。

因此，从这两个角度讲，很少有人适合辞掉工作而全职做交易。一方面，没几个人具备持续盈利的交易水平；另一方面，大部分人都已经被绑定在房子的"战车"上了，要偿还那么多年的房贷，没有多少储备。很多人过着看似光鲜的生活，实则很脆弱，怕生病，怕失业，不敢参加社交活动，一旦经济萧条，马上陷入债务的泥潭。

4.3 灵活的兼职交易

上班和做交易，可以同时兼备，并不矛盾。我从不建议交易者辞掉工作，而是建议他们边工作，边交易。两者同时进行并不矛盾，上班的收入是保底收益，解决后顾之忧；交易收入是无封顶的收益，实现可能的财务自由。市场上也有很多已经成功的人，在当初还没摸索到有效的盈利模式前，通过上班工作来为自己积累交易资本；也有人爆仓之后开始努力工作，存够钱后重新返回期货市场并获得成功。

从精力上来看，只要你不是做短线，就不用盯盘，就可以和上班不矛盾。无论做趋势，还是做中长线，都不用太执着于盯盘，可以利用下班后的业余时间。例如晚上做计划，认真复盘，看看什么品种有机会，重点挑出来，然后设置预警；第二天或第三天，盘中价格触动了预警线，提示会蹦出来，提示你，你利用上班的业余时间，看一下，下一个单，入场后，马上设置好，机器自动止损，就不用管了。如果价格不触动预警线，说明没到你的入场点，你也没必要看；如果入场后，价格到了止损点，机器也会执行，你不必担心损失过大，而且比你的手工止损，效果要好得多，因为机器会严格执行；如果机器没触动你的止损点，则表明你的单子是盈利的，盈利了也不用看，而且看盘是最容易导致你拿不住盈利单的。

做趋势交易本来就不需要总盯盘，买卖根本不需要花费什么时间。关键是下班后需要认真复盘，包括基本面的研究和挖掘，做交易计划，周末时间的研究，功夫都在盘外，只要计划做好了，买卖就是瞬间的事情，和上班不冲突。

所以上班和做交易，两者并不冲突。有了上班的收入，相当于你有了保底收入，无论交易做得如何，你都有收入，能够应付日常的各种开支，能够养活家庭，让孩子有学上，你的老婆不会吵你，你的家庭和亲朋好友不会疏远你，你活得像个正常人，带劲；而且也因为你有稳定的收入，能应付日常的开支，你的交易压力会比较小，能够等待适合你的行情和交易信号，交易不容易变形。

但是这种保底收入毕竟是有限的，除非个别高精尖的精英，通过上班就能获得财务自由。绝大部分人都是在"饿不死"、一辈子紧紧松松中度过。而交易是无封顶的收益，正好能解决这个问题，你交易做得好的话，不仅能获得稳定的额外收入，会超出你的工资收入，遇到大行情，甚至能有你十年的工作收入；而且你交易做得好的话，本金会越来越多，收入越来越大，就越可能实现财务自由。学习交易也是如此，完全可以利用下班后的晚上，或周末的时间，来学习和掌握交易，时间是可以像海绵里的水一样被挤出来的。也只有等到资金规模达到一定的程度，每年的收益能覆盖一年的开支后，且你已经没有什么后顾之忧，你才具备辞掉工作全职做交易的可能。

4.4 风险控制的重要性：豆油女的故事

期货市场是一个产生神话的地方，以下这则故事当年曾经风靡各大媒体，甚至现在的某期货"大佬"是当时看完这篇报道才对期货产生了兴趣的。

2008 年 3 月 11 日，对于武汉女子万群而言，是她人生中永远难忘的一天。作为"武昌女子半年从 4 万做到 1450 万"这一期市神话的主角，万群所持有的最后 300 手豆油合约因保证金不足，于当日上午被强行平仓，其账户里最终剩下的资金不到 5 万元。一场千万富翁的美梦在持续近半年后，宣告结束。

半年炒成千万富翁。据相关期货公司知情人介绍，万群大约50 岁，退休之前的职业可能是教师。2005 年 7 月，万群拿着 6 万元开始涉足期货市场，此前，她已有 10 年炒股经历。步入期市头两年，万群战绩并不出众，其保证金从最初的 6 万元缩水至4 万元；直到 2007 年下半年，她的交易账户才逐渐引起了期货公司的注意。

从 2007 年 8 月下旬起，万群开始重仓介入豆油期货合约，此后两三个月，豆油主力合约 0805 从 7800 元 / 吨起步，一路上扬至 9700 元 / 吨，截至 2007 年 11 月中旬，万群已有 10 倍获利。进入 2008 年，豆油上涨速度越来越快，2 月底，豆油 0805 已然逼近 1.4 万元 / 吨，也就是在那时，万群的账面保证金突破了 1000 万元，成了名副其实的千万富翁。

（1）以小搏大，过于放胆

"她采取的是全仓操作的股票手法。"知情人士透露，万群是所有资金满仓交易，没有科学的资金分配比例。而且，她利用期货交易浮动盈利可以开新仓的特点，又将盈利全线扑入豆油期货，越涨越买。这种操作方式最大限度地利用了杠杆，可以将利润放大至最大；但与此同时，风险也被放大到了最大，一旦行情有所调整将面临灭顶之灾。据悉，期货公司曾不止一次劝她降低仓位，但万群根本听不进去。事实上，万群之所以能够在半年内成为千万富翁，所仰仗的正是这种满仓交易和浮利加仓，对她而言，这样做没有什么不对的地方。

（2）风云突变却拒绝减仓

万群缔造的期市神话很快引起了媒体关注，"武昌女子半年内从 4 万做到 1450 万"的新闻频频见诸报端，并在网上广为转载。"她的资金真正突破千万是在 2008 年 2 月 28 日、29 日。"
知情人士告诉记者。当时正值豆油连续涨停，万群账户的浮动
权益在 3 月 4 日达到顶峰，最高时竟达 2000 多万元。不过，当
天的行情出现剧烈震荡，油价在一个小时内从涨停快速滑落至跌
停。在豆油从涨停到跌停的过程中，万群的账户因为保证金不
足，已经被强行平去了一部分合约，但这并没有引起她的重视。

"期货公司的人找她谈过，但她拒绝主动减仓。"不愿意透露
姓名的相关人士表示。因为此前一些媒体已经报道了万群期货交
易半年发迹的事，很多人已经知道她，在这样的情况下，万群碍
于面子，不愿意主动平仓，因为她知道，只要一卖，自己就不再
是千万富翁了。"实际上，3 月 6 日，她的账上至少还有几百万
元，当日价格震荡下跌，要平仓还是有机会的。"

（3）被强行平仓回到起点

出于种种考虑，万群错过了最佳减仓时机。3 月 7 日和 10 日
两天，豆油无量跌停，万群就是想平仓也平不了了，由于仓位过
重，其巨大的账面盈利瞬间化为乌有。3 月 11 日上午，连续两个
交易日无量跌停的豆油期货终于再度打开跌停板。大连商品交易
所豆油主力合约 0805、0809 盘中双双翻红，收盘分别下跌 0.83%
和 0.36%。但由于没有能力追加保证金，万群所持有的最后 300
手合约被强行平仓，最终，她的账户保证金只剩下了不到 5 万元。

（4）终点回到了起点

这个故事震人心魄，其成功让人羡慕，其失败让人扼腕。分析下来，万群的操作有以下特点：

一是资金使用率极高，满仓交易，用了杠杆。杠杆是把"双刃剑"，做对了收益丰厚，当然，做错了也可能跌入万丈深渊。然而万群的这个方法正好赶上了大趋势，有运气的因素和行情的特殊性，不可复制，后来一旦趋势转向或者遇到大的震荡，便快速爆仓。

二是跟随趋势不断加码。这一点完全符合趋势交易的策略，在正确的趋势上不断加仓，行情如果继续朝原来的方向发展，利润将更加丰厚。

三是不做止盈、止损。这是比较有争议的一点。有人认为在盈利非常丰厚时就该及时落袋为安，万群在她的账户回撤到几百万的时候也还有平仓的机会。我们在前面的章节已经讨论过了幸存者偏差，那么同样是这种做法，有没有成功的案例呢？有。"浓汤野人"2010年对棉花的操作就是成功案例，其账户当时从600万元做到1个亿的时候就不断地有人劝他落袋为安，然而他坚持了下来。后来在棉花上涨的行情中遭遇回调，账户一度亏损60%，别人早都止损了然而他没有，所以才有了后来20亿元盈利的神话。

所以，辩证来看，盈亏同源。只有满仓交易，才能将杠杆发挥到极致，才能在行情配合的时候创造神话。而也正是杠杆的

"双刃剑"属性，所以在行情出现反复时，才有了灭顶之灾。没有落袋为安，会让利润充分奔跑，当然也导致了最终纸上富贵的结局。

4.5 止损为什么那么难

期货交易难免出现亏损，亏损是正常现象，但大多数交易者运用止损的水平都处于"初级"阶段。我们经常能听到这样的抱怨：市场出现一个小波动，平仓止损即被激活，而市场却在不久之后又向着之前的获利方向继续"迈进"了。许多交易者都经历过这样的情形：某笔交易获利前景大好，却因止损早早地终止。不过，上述问题涉及的都是对止损的使用，而是否采用止损似乎并不是一个问题。对一个交易者来说，只要价格走向出现一次反向变动，他就能领略到止损的价值所在。虽然每个交易者都需要用止损来保护自己，但骨子里却并不希望真正用到它。

（1）不止损的原因

我的观点是止损永远正确，哪怕事后看是错误的。只有接受"止损永远是正确的"的观点，我们才能在止损问题上摆脱扭扭捏捏、瞻前顾后和犹豫不决，才能把"侥幸""赌一把""再等等""期待奇迹"这些思想从潜意识深处赶尽杀绝，才能建立真正的止损思想。很多人不愿意止损，主要是灵魂深处有几个关过不了。

第一关：侥幸关

"也许再等等就反弹了"，"也许奇迹会出现"，这几乎是阻碍止损最大的心理障碍。很多人不愿意止损，或者在止损问题上犹豫不定，就是有这个思想作祟。其实，此时我们应该扪心自问：我愿意开仓（继续买）吗？如果不愿意，那我就应该止损。

第二关：羞耻关

"万一止损后大涨，该多么羞耻呀。"绝大多数不愿意止损的人都有这种心理作怪。从行为经济学的角度来看，这种痛苦远远大于在其他交易上赚同等的钱带来的心理安慰。所以，期货交易是反人性的，从止损的心理来看就很明显。止损后价格大涨，是要承担重大的心理折磨的，这种折磨具有很大的屈辱感，仿佛自己是笨蛋，智商低人一等。

为了扭转这个心理误区，我们应该转念想一下：止损是我们对自己过去的错误负责，即使它明天大涨，但那是另外一个问题，它们是两种逻辑。而且，止损后还有很多大跌的例子呢，我们为什么纠结于止损后大涨的几个案例呢？止损后再大涨，那顶多让我们少赚；而一旦我们不止损，则有可能会走上穷途末路，亏掉所有。

第三关：误解

典型的误解有三个："利润是被频繁止损止完的"，"止损说明不会买，会买就不用止损"，"止损是没有本事"。这些流行的误解让很多本来就心存侥幸的人找到借口，荼毒甚深。其实这三个误解都不值得一驳，试问：谁见过止损能把利润止完的？我只见过许多人因为不止损而破产，从来没有见过因为止损而破产的。我也见过很多会买而不会止损的人，最后竹篮打水一场空。从来没有见过善于止损的人最后赚不到钱的。

真正善于止损的高手，他的利润是不请自来的。在我看来，懂得止损的人不是没本事，而是有大本事。这如同兵法上的"先为不可胜，以待敌之可胜"，哪个常胜将军不是先保护自己不被击败，然后再去击败敌人的？

第四关：死扛

"我已经亏这么多了，再止损还有什么意义？"说白了，这是麻木，是破罐子破摔。这一点可能股票市场上的案例更多，如果能回头看看，中国石油从 48.62 元跌到 7.62 元，中国铝业由 60.60 元跌到 3.31 元，中国船舶从 300 元跌到 19.87 元，就知道止损有多重要。一只股票一旦结束了漫长的盛极行情，其衰落起来也会很漫长，如果不止损，也许真要把股票留给子孙后代了。

第五关：不在乎

这和上面的恰恰相反，上面是亏得太多，这里是亏得还不够多。小亏看起来不要紧，但是很多大亏都是从小亏来的。很多人不止损就是因为一开始是小亏，不屑于止损，后来变成大亏，又麻木了，死扛下去而不去止损。

（2）止损的方法

毫无疑问，有关止损的两个问题存在着大量的争议和看法：止损的最佳使用方法是什么？交易者何时应使用它？在这两个问题上，所有的交易者几乎都同意这样的一个观点：设定止损这条法则是不能被忽视的。坚持设定和使用止损，对交易者来说，是防止意外损失的首选，是最佳的防御措施。

此时，我们就需要与止损打交道了，要了解如何设定以及使用它们。在实现盈利目标的过程中，我们如何才能坚定信心，使自己能够在正常、符合预期且健康的价格行为中继续持仓？面临典型的市场回落时，我们又该如何避免被止损"请"出局？我想这些问题的答案就在你的交易系统中，当你弄清楚止损的使用目标以及意外情况的具体含义时，答案自然就会浮出水面。我的观点是，止损不是用来保护建仓利润的，它不是风险控制工具，而是利润管理工具，不应该用在平仓可获利的交易过程中；它应该在市场基本架构发生变化后发挥作用，帮助交易者斩仓出局。记住，是市场发生变化之后，而不是之前。

① 技术止损

它是将止损设置与技术分析相结合，过滤市场的随机波动之后，在关键的技术位设定止损单，从而避免亏损进一步扩大。这一方法要求投资者有较强的技术分析能力和自控能力。技术止损法对期货投资者的要求更高一些，很难找到一个固定的模式。比如均线止损、通道线止损、趋势线止损、RSI 指标止损、布林线止损，等等。这种止损方式与投资者的交易系统息息相关，优点是简单实用。

② 时间止损

交易前，对买入品种设定持有时间，如 1 天到 1 周。如果买入后持有时间已经到设定期限，但价位没有发生预期走势，同时也没有到达设定的止损位，这时，千万不要转换持仓的时间周期，立即离场，以免将短线投资变成长线投资，并最终被长期套牢。不要等着被市场验证错误后再去止损，避免大的损失。

③ 资金管理止损

资金管理有两个目的：生存下去和获得成功。首先是生存，其次是努力保持稳定的收益，最后是获得巨大的增益。初学者一般都把顺序搞反了。他们直奔巨大的增益而去，从未考虑过怎样长期生存。把生存放在第一位，可以使你集中精力做好资金管理。严谨的交易者通常会把精力集中在损失最小化和资金积累上。记住我们在讨论"正确被缩小，错误被放大"现象时的例子，不要出现太大的资金回撤。

（3）止损最容易犯的错误

① 未能在进场前就设定好止损

设定止损价格，必须在进场前就已经确认好该止损的价格，而不是在进场后行情不利于你的时候再来寻找该止损的价格。因为在你还没进场的时候，看待市场是最客观的；而且在进场前设定止损价格时，必须反复地确认，该止损价格具有实质的意义，尤其在操作短线中，止损的价格，必须考量诸多的因素方能设定。

② 不断地更改止损价格

在原本设定好的止损价格到价时，就应该落实执行。在进入市场后，不断地更改止损价格是一件十分不明智的事情。在资金许可的情况下，很多时候，或许不确切地执行止损可以逃过一劫，但是养成了这样的坏习惯，一次的重伤足以侵蚀掉你辛苦得来的所有获利；而更重要的损失是，当你不断地更改你的止损价格时，你失去的是重新入场的客观心情与机会。

③ 因为情绪而止损

止损价格如果设计得不好，那么很容易因为持仓心理压力或者恐惧的心理而执行止损，这表明在入市的一开始，你就已经没有足够的胜算，在资金窘迫的情况下，不得不执行止损。这样的交易与赌博基本无异，而在恐惧的情绪压迫下执行了止损，通常都会是错误的止损价格。

④ 以亏损来设计止损

这类型的止损是最多数人易犯的止损，错误的根源来自跳不出交易模型的束缚；在设计止损价格时，先因为交易模型的设计而框住了自己。比如，获利设定了 60 点，所以止损只能有 30 点；再如，止损的设定只能有本金的 3%，所以止损只能设定多少点；又或者有些人在交易时，进场后就会设定止损 30 点或 50 点，却并没有去详细地检视那个 30 点、50 点的止损价格，是不是市场的止损区。用像这类的思维去设计止损，绝对是错误的。

（4）何时才需要移动止损？

我想这是正确使用止损的关键所在。所有小震荡或小调整引起的价格微调都不是问题，真正的问题是市场趋势是否发生了变化。而当你无法确定行情在哪个位置走完时，你就需要移动止损了，当趋势反转，即使你站错了队，但通过系统方法以及交易计划，你的损失已被限定在事先设定的一个额度之内。如果你对市场的判断仍然正确，那么你只需持仓等着就行了，直到行情结束。而如果你对市场反转的位置没什么把握，那么移动止损，使其与市场交易价格相接近是你的唯一选择。

市场开始对你的建仓交易进行"回报"时，止损便会在新的价位重新设定。移动止损背后的心理因素是正确使用止损的核心要素，因为如果你事先的判断准确，止损就不会被用到，除非某些事情发生，而你却错过了。当你的获利交易开始"挣钱"时，有关移动止损接近市场价格的问题只有一个："如果有些事发生了，我却不知道，该怎么办？"只有在此情形下才可以移动止损，除此之外不需要这样做。你的交易计划起码应含有某种法则，使你能够移动止损价位，让它接近一宗交易的开仓价格，这样就可以"确保"这宗交易没有任何风险。

如果你希望有效地利用止损，你应把它们仅看作是遭遇最坏情形时的"逃生"手段。你遇到的第一种最坏情形是：一开仓就错，价格向相反的方向发展。第二种最坏情形是：你持有的头寸还没有一定的盈利，行情便结束了，开始朝相反的方向发展。第三种最坏情形是：一些事发生了，你却未能迅速地察觉到，从而不能及时平仓。除非遇到这几种情形，你才需要做点什么；除此之外，你只需等着市场走向目标价位。

在我看来，功利性地移动止损以锁住利润，其实是获利减少的"罪魁祸首"。在交易中，市场从某个高点回落或从低点反弹很平常，高点与低点之间的偶然事件同样平常。在这些情况下，任何交易者的观察都不可能足够敏锐，从而很难准确地把握市场价位。将止损设定得过于接近市场价格，是一种没信心、畏惧的表现，把自己束缚在某一特定价格上，而不是耐心地等待在获利方向上尽情奔跑。功利性地移动止损，也会面临新的风险：市场价格稍微出现一点失衡状态，止损就可能被激活。为避免出现这种情况，你要将止损看作是一种斩仓出局的方法，只有在某些情况发生变化时才用到它。如果市场环境没有发生变化，你何苦要移动止损呢？

为使止损有效地为你的交易服务，你可以在两种情况下移动它们。第一种情况是，你的收益或损失额超出了风险管理法则事先设定的范围。换句话说，如果一笔交易开仓后收益或损失达到一定数额，你需移动止损以保证小额收益（或者小额亏损，或收支平衡）。在这个点上，只有当市场达到你的目标价位时，你才可以移动止损。第二种情况是，你使用"金字塔交易法"进行交易，为积累利润连续建仓。给所有仓位设定一个收支平衡的出局止损，以防某些情况发生变化。

在其他情形下，功利性地移动止损是非常危险的，而且没有必要。它会增加你收益减少的风险。一旦某笔交易给予了你引领市场的优势，你就可以得出这样的结论——你事先对市场的判断是正确的。而一旦这笔交易被保护得毫无风险或风险很小，移动止损接近市场价格，你就会被偶然的变动逮个正着，这些变动其实根本不需要你去关注。而如果一些情况发生了变化，你却不能迅速地把握，这会使开仓获得的利润蒸发。

需要一直牢记的一点是，止损不是风险管理工具，它是利润管理工具，只有当某些情况发生了改变，止损才能被看作是风险管理的工具。在这种情况下，斩仓出局是最佳选择。除非一切发生得过于突然，超出了你目前技术水平所能察觉的范围。不管如何，你的交易资产是受保护的，你现在可以凭借清醒的头脑寻找下一次交易机会。

第 **5** 章

投资大师的借鉴

5.1　乔治·索罗斯

索罗斯是大师级的金融理论家，他总是静若止水，心气平和，既不纵情狂笑，也不愁眉紧锁，他参与投资有独特方法，有认识金融市场所必需的特殊风格，具有独特的洞察市场的能力。下面我们就来讨论他的投资秘诀。

（1）独特的哲学观

早年，他一心想当一名哲学家，试图解决人类最基本的命题——存在。然而他很快得出一个戏剧性的结论，要了解人生的神秘领域，可能性几乎不存在，因为首先需要人类能够客观地看待自身，而问题在于人类不可能做到这一点。于是他得出结论——人类对于被考虑的对象，总是无法摆脱自己的观点的羁绊，这样，人类的思维过程不可能获得独立的观点用以提供判断依据或对存在给予理解。这个结论既对他的哲学观也对他观察金融市场的角度影响深远。

不能得出独立的观点的结果就是，人们无法穿透事理的皮毛，毫无偏颇地抵达真理。也就是说，绝对完美的可知性相当值得怀疑。如索罗斯所言，当一个人试图去探究他本人所在的环境时，他的所知不能称其为认识。

索罗斯演绎出这样一个逻辑：因为人类的认识存在缺陷，所以他能做的最实际的事就是关注人类对所有事物的那些存有缺漏和扭曲的认识。这个逻辑后来构成了他的金融战略的核心。人非神，对于市场走势的不可理解应是正常现象，然而当市场中绝大多数投资者对基本面因素的影响达成共识，并有继续炒作之意时，这种认知也就处于危险的边缘了。

（2）市场预期

索罗斯认为，古典经济学理论家们所建立的完全自由竞争模式，即在一定条件下对自身利益的无节制的追求，将使资源得到最佳的配置，从而达到平衡。而这种平衡不仅在现实生活中没有出现过，在价格波动剧烈的金融市场中更是不可能发生的事情。他认为供求关系不仅受客观因素的影响，更重要的是体现了市场参与者对市场行为的预期，而这些行为正是由这些预期所决定的。所以预期的作用在供求关系的发展中举足轻重。

根据索罗斯的投资观念，人们并不能对自己所处的环境做出完全的认识，因此人们根据预期做出买、卖决定，对市场价格形成影响，同时这种市场行为又反过来影响着其他参与者的预期。不仅是价格的涨势汹涌吸引了众多的买家，而且买入行为本身也有利于推动价格继续上扬，形成一个自我推进的趋势。因此索罗斯认为正是由于供求关系与市场预期之间的相互作用，使市场行为成为未来走势的不可确定的动因，即市场的走势操纵着需求和供给关系的发展。

实际上，索罗斯在金融市场的行为更具有投机性，在夸大的市场预期中寻求投资机会。表面上看，他轻视价格变化的内在规律，而关注参与者预期对价格变化的影响。然而他正是通过对市场预期与内在运行规律的偏差的纠正来达到投资获利的目的。与金融市场所不同的是，在农产品市场上，自身季节性供求变化规律更加明显并处于主导地位。市场预期所产生的买、卖行为可以短期内操纵供求关系，却无法形成持续性影响。由于农产品保值性较差，夸大了的预期不能真实反映供求关系而发生价格的剧烈波动，因而在农产品期货市场上预期的夸大性表现尤为突出，对其的纠错也尤为频繁，值得参与者关注。

（3）无效市场

无效市场理论是建立在索罗斯的哲学研究基础之上的。他认为人的认知并不能达到完美，所有的认识都是有缺陷的或是歪曲的，人们依靠自己的认识对市场进行预期，并与影响价格的内在规律——价值规律相互作用，甚至市场的走势操纵着需求和供给的发展，于是他就得到了这样一个结论：我们所要对付的市场并不是理性的，而是一个无效市场。

这种理论与传统的经济学理论是互不相容的。有效市场理论认为，市场的运转有其自身的逻辑性和理性，市场的发展最终是走向一个平衡点，而达到这个平衡点的前提条件，一是人们能够在任何指定的时间完美地掌握市场信息，二是市场价格能反映所有有效的信息。通常大多数分析师秉承有效市场理论，由自己所掌握的信息以及对目前价格的分析，强化了当前趋势的发展，在大众的推动下，市场更加趋于非理性，成为无效市场。受资金操纵、逼仓以及指数基金利用农产品期货进行保值、对冲基金的交易行为等所引发的市场过度行为，我们不能说是在向市场的平衡点靠近，更无须对这种市场横加指责。因为依据索罗斯的观点，这时的市场恰恰是无效市场特征——非理性表现最为突出的阶段，因而此时分析师对行情的判断依据也是靠不住的。

（4）寻找差距

索罗斯在考察了各种类型的金融市场与宏观经济的发展后发现，它们从未表现出均衡的趋向。实际上，断言市场倾向于走入过度的非均衡，恐怕会更有意义一些。因为，这种不均衡迟早将发展到令人无法容忍的地步，最后不得不进行修正。

人们做出买入或卖出某种商品的决定，与其说是基于市场处于平衡状态的考虑，不如说是出自对市场不平衡的看法。确切地说，是对市场心理预期不平衡的看法。令市场走向过度非均衡正是由于预期的偏差程度。因此可以说，寻找市场预期与其客观事实的差距，是索罗斯在金融市场发现投资机会的捷径。

他认为科学的方法基于这样的预设，即成功的实验应该证实被测试假说的有效性，然而当对象涉及思维主体的时候，实验的成功并不能保证被检验的事物的有效性或真理性。参与者的思维与事实无关，但却影响了事物发展的过程，使事物的发展过程更加复杂化。但科学的、客观的事实终将对那些错误的理解及认知上的差距进行纠正。

以农产品期货大豆市场为例，市场预期的差距往往容易出现在作物生长初期，如对整个过程中天气方面干湿状况对最终产量的预期、对需求规模过度扩张或缩小的预期、对农产品金融属性的过度预期、对突发事件影响的持续时间及力度的预期，以及对资金规模的过度预期等。

金融市场在不平衡中运转，市场参与者的看法与实际情况之间的差距不可避免。由于我们精力有限，认知不完善，因此发现市场预期与客观事物间的偏差，发现市场可能出现过度非均衡的倾向，不仅是索罗斯投资的秘诀之一，而且更值得大众投资者关注。

（5）发现联系

金融市场属于社会科学范畴，不仅具有自然科学性，同时又融入了参与者的主观认识，并且这种主观认识又与客观事实之间相互影响、相互作用，即不完美的观念和实际事态发展之间存在反作用联系。这种反作用联系增加了价格运动的复杂性，不仅为索罗斯所密切关注，同时也成为市场人士解释金融市场行为的经典理论。

索罗斯在金融市场所运用的理论，也并非要完全理解或揭示事物的本来面目，只是希望能够获得所期望的状态。他认为，自然规律的运作与人们对它的理解无关，人类影响自然的唯一途径是理解并运用这些规律，而金融市场并不遵循那种独立于任何人思想的自然规律。

持经济生活合乎理性的逻辑论者认为市场永远是正确的，因为市场已经考虑到未来的发展趋势，价格倾向于折现。索罗斯认为，任何预测未来的想法都是具有偏见和不全面的，参与者在偏斜的基础上进行操作，而且偏斜本身对事态的进展产生影响，于是就可能给人这样一个印象：市场可能准确地预测未来。但事实上，目前预期反映的并非纯粹的未来事态，而是已受到目前预期影响的未来事态。

市场预期对实际事态发展的反作用联系，或表现为自我推进，或表现为由于预期的警示作用而避免事态的恶化。例如，天气对农产品市场影响的夸大性预期以及由于市场对通货膨胀的预期而加大价格偏差，这种担心往往会使政府部门出台力挽狂澜的政策，抑制事态的进一步恶化。

（6）揭示偏见

既然市场预期与事态自身的发展进程既相互联系又相互作用，市场的预期在事态发展中具有举足轻重的作用，成为事物本身一个重要的组成部分，那么由于人们认识的不完善性所产生的预期偏差越大，则相对理性的投资者发现获利机会的可能性就越大。

索罗斯认为，市场的动荡不定，源于人们对市场存有偏见和认知存在的缺陷所产生的感觉。这种感觉是对硬性数据的理性分析和自身的感情倾向双重作用的产物。投资者依靠这种感觉形成倾向性的看法，进行买卖投资，反作用于市场后，又影响投资者的预期。因此事态的发展不是从事实到事实，而是从事实到感觉，再从感觉到事实。

揭示预期的偏差，跟踪其与客观事物偏离程度的发展，一方面对我们捕捉市场机会极有帮助，另一方面，随着市场本身对偏离预期的调整，或是共振形成的自我推进，我们可以调整自己的投资策略，对已有持仓做出继续持有还是减仓的调整。当参与者的预期与现实情况偏差很小时，市场可以自己纠正，其影响可以忽略不计，索罗斯称此时的市场处于准平衡状态，投资价值并不大。而在偏差过大时，有两方面表现：一种是想法和实际大相径庭，但局面依旧稳定，比如市场开放程度较小时，局面能够被有效控制，这种状态对索罗斯无甚作用；另一种是市场化程度高，预期偏离较大，事态发展迅猛，参与者无暇应对，局面不稳定，这种状态对索罗斯极为有利，成为其有利的战机。

（7）投资于不稳定状态

市场不稳定状态就是指当市场参与者的预期与客观事实之间

的偏差达到极端状态，在反作用力使市场自我推进到一定程度后，难以维持和自我修正，使市场的不平衡发展到相当严重程度，此时则为市场不稳定状态。

不平衡的市场状态源于市场预期所形成的主流偏向受到客观现实的强烈对比，市场中清醒的投资者开始对这种偏差进行反省，对主流偏向进行挑战而使市场原有的主导因素变得脆弱，但市场的惯性使原有的走势狂热。盛极而衰，物极必反，索罗斯投资成功的秘诀之一就是善于发现市场的不稳定状态，捕捉盛衰现象发生的时机。

例如，发生在 20 世纪 80 年代中期的一个案例，投标竞买公司的出价使公司的资产被重新评估，于是银行给予其他竞买者更多的贷款，使得他们的出价越来越高。终于，投标价格一路飙升，市场因价值被高估而变得摇摇欲坠。根据索罗斯的理论，崩溃将不可避免。盛衰出现的可能性大大增加，不稳定的市场状态为投资者提供机遇。

在我们的身边也不乏盛衰之例，美国大豆涨到 1000 元 / 吨时市场预测将达 1400 元 / 吨、1600 元 / 吨，牛市到了后期价格发展出乎人们的预期，便有了牛市不言顶的市场心理，这时大豆库存被极度低估，大豆价格虚值成分被大大夸大。最终盛衰现象发生，大豆价格暴跌，国内进口商纷纷违约，因高价进口大豆使油脂企业重新洗牌。

把握盛衰发生的时机也非常关键，因为这时往往是市场主流偏向强烈之时，杀伤力也是比较强的。只有采取恰当的投资策略，有计划建仓，才能充分利用这种不稳定的市场状态所带给我们的投资机遇。

（8）确认混乱

不稳定的市场状态一直被索罗斯用以检验其反身性作用理论。索罗斯认为，金融市场动荡不定，混乱无序。游戏的规则是把握这种无序，这才是生财之道。虽然他的理论并不完美，但通过投资于不稳定状态的市场，最终使他获得投资大师、全球最佳投资经理的桂冠。

按照索罗斯的理论理解，金融市场运行的内在规律并不是独立运行的，市场参与者的观点、偏见及心理因素都对事物的发展起到促进或制约的作用，以至于最终的发展可能出乎大多数人的预料。可以说市场的运行并不是基于逻辑的，更多的是基于心理的，是基于群体本能的。对某一事物的不同认识与预测，往往是造成混乱的主要原因。索罗斯认为金融市场上成功的秘诀在于具备能够预见到普遍预期心理的超凡能力，至于对现实世界的精确预言则并非必要。

混乱的市场取决于参与者对事物认识的明显分歧。而这种分歧越大，市场所表现出的混乱性越强，而这时主流偏向往往并不明确。由于各方坚持己见，价格走向也动荡不定。

索罗斯则沉迷于混乱，因为那正是他挣钱的良方：理解市场中革命性的进程。例如在德国统一后，英国加入西欧国家创立的新货币体系——欧洲汇率体系中，索罗斯似乎看到了不稳定的欧洲金融市场即将发生的混乱。通过多年的观察，索罗斯准确地抓住了其不稳定性，当绝大多数人不承认有这种不稳定性存在时，混乱发生了。他在这场英镑阻击战中一笔交易就赚取了近 10 亿美元。

从索罗斯的投资过程中我们可以看出，客观的宏观经济分析，良好的心理状态，都是我们确认混乱、把握时机、乱中取胜所不可或缺的主要因素。

（9）投资在先，调查在后

索罗斯的相互作用理论只是为他提供投资目标的方向和抓住潜在机遇的方法，并不能提供精确的方位和重要的转折时机。而将其理论转化为实践，以获取利润的秘诀之一则是"投资在先，调查在后"的操作方法。投资在先，调查在后，意味着提出假设，建立头寸，小试牛刀考验假设，等待市场证明正确与否。如果证明其假设是正确的，则追加头寸，否则及时撤出。有时候确认一个走势需要花费相当长的时间，很可能在他犹豫不决之时，市场走势已经开始逆转了。因此提出假设后立即建立头寸有助于抓住最佳投资时机。

索罗斯投资成功的关键在于其哲学的思维。他知道，人们对事物的认知总是存在缺陷，无论确立了何种假设，在某一特定时段内投资者的想象必是错误的。也就是说，这种假设基于假设中必然存在的某些缺陷之上。成功的关键是在市场的演绎中不断地寻找对自己至关重要的缺陷，关注其对投资行为的影响。当索罗斯与罗杰斯开创量子基金时，他们是有分工的。罗杰斯充当分析师，索罗斯则是决策者，他们遵循先投资，后考察的套路，索罗斯投资在先，罗杰斯考察在后。

有时作为寻找感觉而做的投资会与当前的市场走势一致，反映了这种假设与大众投资心理的趋同性。这往往是索罗斯最担心的事情，因为存有缺陷的认知成为市场的主流偏向，正是市场盛的一面。而一旦索罗斯调查发现了缺陷并给予高度的关注，那么他将对市场步入盛衰所发出的信号表现出敏感度，这也正是他要寻找的趋势的临界点。这时他会离开大众单独行动，平掉以前建立的所有头寸，树立新的投资观念，建立新的头寸，在一个新趋势中获得最大的利润。当其假设是正确的时候，他会追加头寸；而若其假设错误，他会努力研究失败的原因，毫不犹豫地撤回头寸，潇洒出局。

基于假设，投资在先，调查在后，是索罗斯更加准确全面地感受市场，捕捉战机，获取最大利润的投资秘诀之一。

（10）发掘过度反应的市场

索罗斯投资理论的重要实用价值在于其利用反身性理论，来发掘过度反应的市场，跟踪市场在形成趋势后，由自我推进加强最后走向衰败的过程，而发现其转折点恰恰是可以获得最大利益的投资良机。

过度反应的市场的形成主要是由于顺势而动的跟风者所形成的主流偏见对市场所形成的推动，跟风者的行动具有一定的盲目性，却同样能使市场自身的趋势加强。由于市场因素复杂，不确定的因素越多，随波逐流于市场趋势的人也就越多，这种顺势操作的投机行为影响就越大。这种影响本身也成为影响市场走势的基本面因素之一，风助火势，市场被投资者夸大的偏见所左右，二者相互作用令投资者陷入了盲目的狂躁情绪之中。趋势越强，偏见偏离真相越远，实际上也使得市场变得越来越脆弱。过度反应的市场最终导致的结果就是盛衰现象的发生。

按照索罗斯的理论，盛衰现象发生的主要顺序特征是：

① 市场发展的趋势尚未被认定。

② 一旦趋势被认定，这种认定将加强趋势的发展并导致一个自我推进过程的开始。随着现行趋势和现行偏斜观念的互相促进，偏见被日益夸大。当这一过程发展到一定阶段，"极不平衡态"的条件即告成熟。

③ 市场的走向可以得到成功的测试：市场趋势和市场人士的偏见都可以通过各种外界的冲击而一遍又一遍地受到测试。

④ 确信度的增加：如果偏见和趋势都能在经受各种冲击之后依然如故，那么用索罗斯的话来说就是"不可动摇的"。这一阶段为加速过程。

⑤ 现实与观念的决裂：此阶段的出现标志着信念和现实之间的裂痕是如此之大，市场参与者的偏见已经显而易见了，此时高潮即将来临了。

⑥ 终于，一个镜面反射型的、能自我推进的过程向着相反方向发生了。此时人们对市场的看法不再起推动作用，原有趋势停滞不前，另一种声音开始影响市场，原有市场信心开始丧失，这时市场开始向相反方向转换，这个转换点叫作"交叉点"。为崩盘加速阶段。

金融市场中盛衰现象时有发生，特别是对于农产品市场来说，因季节性特点，波动周期较短，季节性因素对市场影响较大。而对其中某一个基本面因素的炒作极易过度，市场表现为狂热状态发生频繁，如形成持续的上涨或下跌，回调时间及空间相当有限，这种行情往往易导致盛衰现象的发生（对于金属市场来说，由于其循环周期与宏观经济环境联系较密切，因此周期较农产品市场相对较长，对其转折点的确认则应格外谨慎，操作不当则会被一个自我推进的趋势所淹没）。也就是说，投资成功的关键在于认清市场开始对自身的发展势头产生推动力的一刻。一旦这个关键时刻得到确认，投资者就能洞察一次盛衰现象是正在开始抑或是已然在进行之中。发现转折点后的操作短期内毕竟可能会表现为逆势操作，因此设好止损，及时调整策略是非常必要的。

（11）广开信息渠道，放眼宏观经济

索罗斯的"投资在先，调查在后"的投资方法并不是盲目的、赌博性的操作，而是建立在深思熟虑的假设之后，是在放眼宏观经济环境，并搜集了广泛的信息之后所做出的投资决策，在他看来，这确切地说是一种经济决策。

交易品种的价格走势有长期趋势、中期趋势和短期趋势，市场的短期波动在局势的转折关头至关重要，但当一个趋势已经确立时，其作用就微乎其微了。要取得良好的收益，对经济运行环境的宏观把握是十分必要的。只有站得高才能看得远，才能洞察市场中的局部变化，才能抓住趋势发展中的支点。

比如索罗斯在股票市场里寻找行情突变，注重的不是一个公司下一季度的收入等，而是更广范围内的社会、经济和政治因素。当对某一行业或品种进行跟踪时，他总是结合涉及复杂国际贸易状况的整个宏观经济主题进行通盘考虑。20 世纪 70 年代银行业的转变标志着大规模借贷繁荣时期的开始。这一繁荣促进了80 年代美国公司的扩大和合并。按照他的相互作用理论，索罗斯分辨出了盛衰过程中繁荣的开端。

索罗斯拥有广泛的信息渠道、非凡的交际能力。他能在灿若繁星的众多朋友中找到合适的人，向他们了解世界各地的宏观经济发展趋势，他"谈笑有鸿儒，往来无白丁"。他非常重视其他国际金融权威人士公开发表的看法和他们的决策。

如果事件甲发生了，则必随之以乙，再后来就是丙。同样，

分析这些复杂的信息，其哲学的世界观和方法论使他对世界经济的因果关系有独到的理解，实际上，这就是索罗斯成功背后的最重要的投资秘诀之一。

（12）留得青山在，不怕没柴烧

索罗斯曾说，风险对他至关重要，能促使他的肾上腺素分泌旺盛，危险能给他以刺激。不在于他喜欢危险，而在于他需要一种全身心投入市场中的感觉。高风险的金融市场对他有无比的吸引力，也造就了他成为一代投资大师。

索罗斯被誉为经典的冒险家、杠杆王，在高风险的市场运作中，他取得过巨大的成功，也遭受过惨重的失败，但最终他没有成为匆匆过客，而是获得成功。除了他具有敏锐的眼光、理性的分析、高超的战机把握能力以外，更重要的一点是，作为一个投资者的自我保护的意识和善于保护自己的能力。"留得青山在，不怕没柴烧"是他坚持的神圣定律之一，是他成功的至关重要的保障。

生存的欲望告诉他，承担风险无可指责，但同时要记住不能做孤注一掷的冒险。索罗斯从不玩"走钢丝"的游戏，因此在投资决策时他所做的最重要的判断，就是到底该冒多大的风险同时还能保证自身的安全。当事与愿违，预测失败时，他宁可过早地平掉头寸，也不要过晚地止损。这正是索罗斯的典型做法，及时放弃战役，才能活着打下一仗。

能够穿越被称为"生命禁区"的罗布泊的探险家，也必是将准备工作做到细致入微的人，即使这样，最后可能还要依靠求生的直觉本能。最伟大的冒险家经常显得狂野不羁，但实际上他们却是最谨小慎微的人。因为他们必须保持参与游戏的资格。冒险勇气固然可嘉，但更重要的是要留有东山再起的余地。

5.2 杰西·利弗莫尔

在人类奋斗的每一个领域，永远都只有极少数的人能出类拔萃、非比寻常！杰西·利弗摩尔就是这样一个人，他是投资领域中的天才，是华尔街的一个传奇！利弗摩尔 15 岁开始股票交易，不到 30 岁，就身价百万；他正确预见了 1907 年的市场暴跌，他垄断了当时的整个商品市场，并在一天内净赚 300 万美元；实际上，当时美国的每一朵蒲式耳棉花、每一粒玉米和小麦都有他的一部分！在那次暴跌中，大银行家 J.P. 摩根特意派人请求利弗摩尔停止在市场上继续做空，以便挽救处于窘境颓废的美国经济。在 1929 年的经济大恐慌中，他又一次天才地在最高价做空，赚了整整一亿美元！

杰西·利弗摩尔作为那个时代最精明的投资者之一，他能够在风口浪尖上驾驭自己的情绪，他是一个聪明而又自律的人，是一个有紧迫感且逻辑能力极强的人；他也是一个复杂的人，他在市场和婚姻中经历了反复的成功和失败。他遵循他自己的规则，像一匹孤独的狼一样进行交易，在他快到 60 岁的时候，他赚到了一大笔钱，但又很快全赔了进去。市场的大潮就是这样无情，市场不再对他感兴趣了。这是市场对他最后的一击，从此他再也没有恢复过来。战胜市场的兴奋已经成为过去，他那神奇的感觉和他活下去的愿望也成了过去！

杰西·利弗摩尔浸淫股市 40 余年，历经四起四落之后，写出不朽的投资著述——《股票大作手回忆录》。这本书既有实践，又有理论；既有传奇，又有幻灭。利弗摩尔是位天才投资家，其单枪匹马，悟到技法，赚到当时神话般的财富；后又因人性弱点，跌落尘埃，饮弹苍凉自尽。他的人生就是一次波澜壮阔、动人心魄的超级行情。他的一生就是对"投机"二字的最好诠释。利弗摩尔的这本书，利弗摩尔这个人，不知曾令多少人，也不知将令多少人，领悟交易的真谛，参悟苍茫的人生。

大作手到底要告诉我们什么呢？我将其归纳为九点，要点后的表述基本上是引用了利弗摩尔在《股票大作手回忆录》中的原话，那么接下来让我们聆听大师的教诲：

（1）市场是有规律的，市场的规律性源于不变的人性

我很早就学到的一个教训，就是华尔街没有新事物。华尔街不可能有新事物，因为投机就像山川那么古老。股市今天发生的事情以前发生过，以后会再度发生。我从来没有忘记这一点。我想我真正没法记住的就是何时和如何发生，我用这种方式记住的事实，就是我利用经验的方法。华尔街从来不会改变，钱袋却会改变，股票却会改变；但华尔街从来不会改变，因为人的本性是从来不会改变的。

我认为，控制不住自己的情绪是投机者真正的死敌，希望、恐惧和贪婪总是存在的，它们就藏在我们的心里，它们在市场外面等着，等着跳进市场来表现，等着机会大赚一把。无论是在什么时候，从根本上说，由于贪婪、恐惧、无知和希望，人们总是按照相同的方法重复自己的行为——这就是为什么那些数字构成的图形和趋势总是一成不变地重复出现的原因。

（2）耐心等待市场真正完美的趋势，不要做预测性介入

"时机就是一切"，在恰当的时候买进，在恰当的时候卖出。交易不是每天要做的事情。那种认为随时都要交易的人，忽略了一个条件，那就是交易是需要理由的，而且是客观的、适当的理由。除了设法决定如何赚

钱之外，交易者也必须设法避免亏钱。知道什么应该做，跟知道什么不应该做几乎一样重要。

事实上，如果我在开始交易前，肯定自己正确无误，我总是会赚钱。打败我的是没有足够的头脑，坚持我擅长的游戏——也就是说，只有在前兆对我的操作有利，让我满意时我才进场。

做所有的事情都要讲时机，但是我不知道这一点。在华尔街，有这么多人根本不能算是大傻瓜却遭到失败，原因正在这一点。傻瓜当中，有一种十足的傻瓜，他们在任何地方、任何时候，都会做错事，但是有一种是股市傻瓜，这种人认为他们随时都要交易。没有人能够一直拥有适当的理由，每天都买卖股票——也没有人拥有足够的知识，能够每次都高明地操作。

股票作手必须对抗内心中很多代价高昂的敌人。赚大钱要靠"等待"，而不是靠想。一定要等到所有因素都对你有利的时机。预测市场之所以如此困难，就是因为人的本性，驾驭和征服人的本性是最困难的任务。仔细地选择时机是非常重要的，操之过急，是要付出代价的。我的损失完全是由于缺乏耐心造成的，没有耐心地等待恰当的时机来支持事先已经形成的看法和计划。

"赚钱的不是想法，而是静等。"一个人需要做的只是观察市场正在告诉他什么，并对此做出反应。答案就在市场本身，挑战来自对呈现出来的事实做出正确的解释。

在进入交易之前，最重要的是确定最小阻力线是否和你的交易方向一致。我的经验是，如果我不是在接近某个趋势的开始点才进入市场，我就绝对不会从这个趋势中获取多少利润。原因是我错失了利润储备，而这种储备对于一个人的勇气和耐心是非常必要的，有了这种勇气和耐心，他就可以静观市场变化，就可以在这次行情结束前必定不断出现的小回落或回升面前持股不动。市场会及时向你发出什么时候进入市场的信号，同样能肯定的是，市场也会及时向你发出退场的信号，如果你耐心等待的话。"罗马不是一天建成的"，真正重大的趋势不会在一天或一个星期就结束。它走完自己的逻辑过程是需要时间的。

（3）正确就是正确，错误就是错误，只做正确的事情，不要错上加错

一位极具天赋的投机家曾经告诉过我："当我看见一个危险信号的时候，我不跟它争执。我躲开！几天以后，如果一切看起来还不错，我就再回来。我是这么想的，如果我正沿着铁轨往前走，看见一列火车以每小时60英里的速度向我冲来，我会跳下铁轨让火车开过去，而不会愚蠢地站在那里不动。它开过去之后，只要我愿

意，我总能再回到铁轨上来。"

奇怪的是，大多数投机者遇到的麻烦是，他们自己内心中的一些东西使他们没有足够的勇气在他们应该平仓的时候平仓。他们犹豫不决，他们在犹豫当中眼睁睁地看着市场朝着对自己不利的方向变动了很多个点。

显然，应该要做的事是在多头市场中看多，在空头市场中看空。听起来很好笑，对不对？但是我必须深深了解这个一般原则，才能够看出要把这个原则付诸实施。我花了很长的时间，才学会根据这些原则交易。解盘在这种游戏中是重要的一部分，在正确的时候开始也很重要，坚持自己的部位也一样重要。但是我最大的发现是一个人必须研究和评估整体状况，以便预测未来的可能性。我不再盲目地交易，不再关心如何精通操作技巧，而是关心靠着努力研究和清楚的思考，赢得自己的成功。我也发现没有一个人能够免于犯下愚蠢操作的危险。一个人操作愚蠢，就要为愚蠢付出代价。

（4）市场包容和消化一切，它永远都是正确的，顺应市场是最明智的

在重大的趋势背后，总有一股不可抗拒的力量。知道这一点就足够了，对价格运动背后的所有原因过于好奇，不是什么好事。只要认识到趋势在什么地方出现，

顺着潮流驾驭你的投机之舟，就能从中得到好处。不要跟市场争论，最重要的是，不要跟市场争个高低。大众应该始终记住股票交易的要素。一只股票上涨时，不需要花精神去解释它为什么会上涨。持续的买进会让股价继续上涨。只要股价持续上涨，偶尔出现自然的小幅回档，跟着涨势走，大致都是相当安全的办法。但是，如果股价经过长期的稳定上升后，后来转为逐渐开始下跌，只偶尔反弹，显然阻力最小的路线已经从向上变成向下。情形就是这样，为什么要寻找解释呢？股价下跌很可能有很好的理由，但是，这些理由只有少数人知道，他们不是把理由秘而不宣，而是告诉大众这只股票很便宜。这个游戏的本质就是这样，大众应该了解，少数知道内情的人不会说出真相。

简单的事实是，行情总是先发生变化，然后才有经济新闻，市场不会对经济新闻做出反应。市场是活的，它反映的是将来。因此，企图根据当前的经济新闻和当前的事件预测股市的走势是非常愚蠢的。贪婪和恐惧一样，都会扭曲理性。股市只讲事实，只讲现实，只讲理性，股市永远不会错，错的是交易者。

（5）亏损是交易的成本，失败并不可怕

可怕的是没有从失败中得到足够的教训。不管交易

者多么有经验，他犯错做出亏损交易的可能性总是存在，因为投机不可能百分之百安全。所谓经验就是教训比较多，比较深刻，让人心痛，让人尴尬。不痛，记不住；不痛，不会反思。事情就是这样。一个人犯错很正常，但是如果他不能从错误中吸取教训，那就真冤了。

世界上没有什么东西，比亏光一切更能教会你不该做什么。等你知道不该做什么才能不亏钱时，你开始学习该做什么才能赚钱。要是有人告诉我，说我的方法行不通，我反而会彻底试一试，好让自己确定这一点。因为证明我错误的时候，只有一件事情——亏钱，只有亏钱能够让我相信我错了。我知道总有一天我会找到错误的地方，会不再犯错。只有赚钱的时候，我才算是正确的，这就是投机。

一个人要花很长的时间，才能从他所犯的错误中学到教训。有人说凡事都有两面，但是股市只有一面，不是多头的一面或空头的一面，而是正确的一面。让这条通则深深印在我的脑海里所花费的时间，远远超过股票投机游戏中大多数比较技术层次的东西。

亏钱是最不会让我困扰的事情。我认亏之后，亏损从来不会困扰我。隔天我就忘掉了。但是错误——没有认亏——却是伤害口袋和心灵的东西。要是一个人不犯错的话，他会在一个月之内拥有全世界。但是如果他不能从错误中得到好处，他绝对不能拥有什么好东西。

（6）交易就是理性与情感的对抗，交易需要理性的计划

我很早以前就认识到，股市从来都不是平淡无奇的。它是为愚弄大多数人、大多数时间而设计的。股市上的两种主要的情绪——希望和恐惧，希望往往是因为贪婪而产生的，而恐惧往往是因为无知而产生的。我认为，控制不住自己的情绪是投机者真正的死敌。希望、恐惧和贪婪总是存在的，它们就藏在我们的心里，它们在市场外面等着，等着跳进市场来表现，等着机会大赚一把。希望对于人类的生存是至关重要的。但希望与股市上的表亲——无知、贪婪、恐惧和扭曲的理智是一样的。希望掩盖了事实，而股市只认事实。结果是客观的，是最终的，就像自然一样，是不会改变的。另外，还要永远记住，你能赢一场赛马，但你不能赢所有的赛马。你能在一只股票上赚钱，但你不会在任何时候都能从华尔街上赚到钱，任何人都不能。

贪婪、恐惧、缺乏耐心、无知和希望，所有这些都会使投机者精疲力竭。经过几次失败和灾难之后，投资者也许变得士气低落、沮丧、消沉，放弃了市场，放弃了市场所提供的赚钱机会。投机者必须控制的最大问题就是他的情绪。记住，驱动股市的不是理智、逻辑和经

济因素，而是从来不会改变的人性。它不会改变，因为它是我们的本性。

（7）控制你的交易，管理你的资金

除非你知道你要进行的交易在财务上是安全的，否则，绝不要进行任何交易。"没有经验的投机者面临的困境往往是为每一笔头寸付出得太多。为什么呢？因为每个人都想交易。为每笔交易付出太多，是不符合人性的。人们都想在最低价时买进，在最高价时卖出。心态要平和，不要与事实争辩，不要在没有希望的时候保有希望。不要与报价机争辩，因为报价机总是正确的，在投机中没有希望的位置，没有猜测的位置，没有恐惧的位置，没有贪婪的位置，没有情绪的位置。"

"最后，投机者在买股票的时候应该分几次买，而且每次只买一定的比例。"如果我在某种情况下买进一只我看好的股票，但它没有按照我所希望的那样表现，对我来说，这就是卖掉这只股票的足够证据。如果这只股票后来涨了，我也不责备自己，也不会有什么痛苦的想法。我后来在实际操作中提出了自己的理论，这一理论强调资金占有时间在股市交易中的重要作用。在投机者管理自己的资金时，这种"总想赢"的愿望是他最大的敌人，它最终将带来灾难。在股市上，时间不是金

钱，时间就是时间，而金钱就是金钱。

我提出了我的 10% 规则，如果我在一笔交易中的损失超过 10%，我就马上抛出。我从来不问原因，股票的价格跌了，这就是我退出来的原因。我是凭本能抛出，实际上，这不是本能，这是多年来在股市上拼杀积累起来的潜意识。你必须服从你自己定的规则，不能欺骗你自己，不要拖延，不要等待！我的基本原则是，绝不让亏损超过资本的 10%。

（8）投资者最大的敌人不是市场，不是别的其他，而是投资者自己，大波动才能让你挣大钱！

这里让我说一件事情。在华尔街经历了这么多年，赚了几百万美元，又亏了几百万美元之后，我想告诉你这一点：我的想法从来都没有替我赚过大钱，总是我坚持不动替我赚大钱，懂了吗？是我坚持不动！对市场判断正确丝毫不足为奇。你在多头市场里总会找到很多一开始就做多的人，在空头市场里也会找到很多一开始就做空的人。我认识很多在适当时间里判断正确的人，他们开始买进或卖出时，价格正是在应该出现最大利润的价位上。他们的经验全都跟我的一样，也就是说，他们没有从中赚到真正的钱。能够同时判断正确又坚持不动的人很罕见，我发现这是最难学习的一件事。但是股票作手只有确实了解这一点之后，他才能够赚大钱。这一点千真万确，作手知道如何操作之后，要赚几百万美元，比他在一无所知时想赚几百美元还容易。

原因在于一个人可能看得清楚而明确，却在市场从容不迫，准备照他认为一定会走的方向走时，他变得不耐烦或怀疑起来。华尔街有这么多根本不属于傻瓜阶级的人，甚至不属于第三级傻瓜的人，却都会亏钱，道理就在这里。市场并没有打败他们。他们打败了自己，因为他们虽然有头脑，却无法坚持不动。我开始了解要赚大钱一定要在大波动中赚。不管推动大波动起步的因素可能是什么，事实俱在，大波动能够持续下去，不是内线集团炒作或金融家的技巧造成的结果，而是依靠基本形势。不管谁反对，大波动一定会照着背后的推动力量，尽其所能地快速推动到尽头。

一个人对自己的判断没有信心，在这种游戏中走不了多远。这些大概是我学到的一切，研究整体状况，承接部位，并且坚持下去。我可以没有半点不耐烦地等待，可以看出会下挫，却毫不动摇，知道这只是暂时的现象。我曾经放空10万股，看出大反弹即将来临。我认定，正确地认定，这种反弹在我看来是无可避免的，甚至是健全的。在我的账面利润上，会造成100万美元的差别，我还是稳如泰山，看着一半的账面利润被洗掉，丝毫不考虑先回补、反弹时再放空的做法。我知道如果我这样做，我可能失去我的位置，从而失去确定赚大钱的机会，大波动才能替你赚大钱。

（9）投机是一场游戏，更是你自己的事业，需要持续地努力、付出和总结

我在寻找比消遣和社会交往更大的游戏。我要通过自己的努力成为股市上最优秀的人，这给我带来了真正的愉快和满足。炒股实际上就是玩游戏，一定要在这场游戏中获胜。好的股票交易者不能不像训练有素的职业运动员一样，他们必须养成良好的生活习惯，保持充沛的体力，如果他想使自己的精力总是处在巅峰状态的话。体力与精力必须保持一致，因为没有比股市更紧张、更令人兴奋的战场了。

让我给你提个醒：你的成功将与你在自己的努力中所表现出来的真心和忠诚成正比，这种努力包括坚持自己做行情记录，自己进行思考并得出自己的结论。一个人要是想靠这个游戏（投机）过活，必须相信自己和自己的判断。没有人能靠别人告诉他赚大钱要怎么做。股市是人类发明的最大的和最复杂的谜团，解开这个谜团的人是应该得头奖的。一个人要花很长的时间，才能从他所犯的错误中学到教训。有人说凡事都有两面，但是

股市只有一面，不是多头的一面或空头的一面，而是正确的一面。让这条通则深深印在我的脑海里，所花费的时间，远远超过股票投机游戏中大多数比较技术层次的东西。在投机上只有一条取得成功的道路，这就是努力，努力，再努力。

最后，让我们以华尔街观察家理查德·斯密特恩的话作为结束："谢谢你，杰西·利弗摩尔，感谢你的智慧，感谢你所做的艰苦工作，感谢你那非凡的悟性。在探寻投机方法的道路上，你从来都没有过终点。"